Alice Mitch

NA KLAR!

Authentic German for GCSE listening and reading comprehension

Oxford University Press 1988

Oxford University Press, Walton Street, Oxford OX2 6DP

Oxford New York Toronto
Delhi Bombay Calcutta Madras Karachi
Petaling Jaya Singapore Hong Kong Tokyo
Nairobi Dar es Salaam Cape Town
Melbourne Auckland

and associated companies in
Beirut Berlin Ibadan Nicosia

Oxford is a trade mark of Oxford University Press

© Oxford University Press 1988
ISBN 0 19 912098 6

Acknowledgements

To my parents for their constant encouragement and support

I should like to thank all the people who were so willing to speak on tape; Simon Kay, for his invaluable help in collecting the visual material; Ralph Kollat for his expertise on recording trips; Peter Rinnie at James Yorke (Recordings) Limited, who edited the tape with me and whose tremendous patience and dedication were greatly appreciated, and also Helga Backermann, who helped with proofreading.

I also wish to express thanks to Oxford University Press for lending me the equipment to make the authentic recordings in Germany, with especial thanks to Fiona Clarke, Kate Minogue, Madeleine Shillito and the rest of the production team for their friendly advice and efficient help throughout.

For permission to reproduce copyright material I am grateful to the following:

Deutsche Bundesbahn pp. 6, 7, 27; Fremdenverkehrsamt München pp. 8, 12, 13, 14, 31, 32; Jugendscala pp. 9, 48, 65; Deutsche Bundespost pp. 15, 16; Stafette p. 17; In München p. 28; Süddeutsche Zeitung p. 39; Tetsche (Fred Tödter) p. 43; Bravo, pp. 50, 51; Felten medien concept p. 56; Journal für die Frau pp. 61, 71; Stadtsverkehrsbüro Salzburg p. 72; King Features Syndicate Inc. 1985 p. 73

Photographs

p. 31 bottom left John Brennan; p. 55 Rex; p. 71 Rex; p. 74 Heinz Gebhardt

All other photographs are by Simon Kay

Set by Pentacor Ltd., High Wycombe, Bucks
Printed in Great Britain at the
University Press, Cambridge

Introduction

Na klar! is a collection of authentic listening and reading
materials carefully chosen to cater for the needs and interests of
students working towards GCSE and Standard Grade
examinations. It should also be of help to adult students
wishing to progress beyond the early stages of learning
German. In **Na klar!** I hope to provide resource material as
examples of what to expect and how to cope in specific
situations when visiting Germany, and also for enjoyment and
intellectual stimulation.

Earlier units are based on survival situations in appropriate
settings: at the railway station, in the department store, at the
doctor's surgery, etc. Later units offer a broader picture of life in
Western Germany today, themes ranging from work and leisure
to national conscription and 'Gastarbeiter'.

Reading material was drawn from various relevant sources such
as posters, timetables, menus, brochures, magazines and
newspapers. (However, goods and services are probably no
longer on offer as described – the Salzburg holiday on page 72,
for example, is not – and students are reminded that these
extracts are for educational purposes only!)

The listening material was recorded live in Germany: railway
announcements, people speaking at their place of work, at
home, in parks, cafés and department stores. The result is a
variety of language: spontaneous speech with natural
hesitancies, background noise, etc.

Some students might be unused to hearing 'real' German, or be
unfamiliar with certain accents, and transcripts of the recorded
material are provided at the back of the book which can act as an
initial 'prop'.

It should be stressed at the outset that whether listening or
reading, students should aim at grasping the general sense of a
passage, rather than trying to understand every word.

Useful vocabulary is supplied in a brief key where appropriate
and all but the most common words are listed at the back of the
book.

Exercises are designed for use in a mixed-ability classroom, with
attention initially focused on key items in the passage. Subsequent
exercises lead towards more detailed analysis, or afford
opportunities for oral work such as guided role-play and
conversation. Students learn to express a wish, request a service,
express likes and dislikes, etc. Questions marked with the symbol
▶ are more difficult and need not be attempted by everyone.

The various elements of listening and reading material allow for an extremely flexible approach. Here is just one suggestion for exploiting the listening material:

The teacher plays the tape and asks students what, if anything, they have understood.

New vocabulary is presented, before students listen to the tape again.

Students read through the questions and listen once more. Then they answer the questions (in the language laboratory rewinding where necessary to find the correct answer).

Students can use the transcripts to check comprehension, and the teacher might refer to the transcript when discussing the passage with the students, before playing the tape a final time.

The language is ungraded and units can be used in any order. However units 16–18 will be of most interest to those with a degree of proficiency in German. They could be used towards the end of a course or as bridging material for early sixth-form work.

Key to symbols

recorded material

activity for pairs or groups

material suitable for Higher/Extended level GCSE and Credit level Standard Grade candidates

Contents

1 Unterwegs

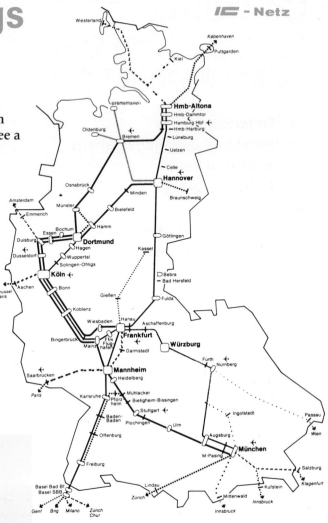

IC - Netz

Station announcements

It's the summer holidays and you are in Cologne main station on your way to see a pen-friend in Osnabrück.

1 Look at the Intercity map and check your route.
2 You hear this announcement: Listen to it carefully – do you need 'Intercity Drachenfels' or 'Intercity Gutenberg'?

Listen again. What time does your train leave? Which is your platform?

3 You hear a second announcement. How many stops are there before Osnabrück? Follow them on your Intercity map. Which is the stop before yours?
4 Listen to the third announcement. Does it concern your train?

> **der Hauptbahnhof** main station
> **das Gleis** rail, track
> **die Abfahrt** departure
> **der Anschluß** connection
> **der Bahnsteig** platform

Which train?

You have come to the end of your stay in Osnabrück, and are about to return to Cologne.

1 Your pen-friend gives you this note, telling you which train to catch, but it gets smudged in the rain. Check with a railway official to find out which train you need.

> **ungefähr** about
> **der Fahrplan** timetable
> **da drüben** over there

Du nimmst den Zug D ——— aus ———. Der geht um ———. Du bist in ——— Stunden dort. Gute Reise!

Listen to the tape then consult the timetable opposite. Rewrite the note, filling in the gaps.

2 A student you meet in Cologne wants to travel overnight to Copenhagen. He's not sure which train to take, so help him out. Consult the timetable again and write him a similar note:
„Du nimmst den Zug . . .“

KOPENHAGEN	◄		►	AACHEN
D 232				**D 233**
tgl. vom 1. Juni				tgl. vom 1. Juni
bis 31. August/				bis 30./31.
1. September 1986				August 1986
ab	21.10 Uhr	København H	9.09 Uhr	an
	22.05 Uhr	Naestved	8.13 Uhr	▲
	22.40 Uhr	Nykøbing (Falster)	7.33 Uhr	
	23.25 Uhr	Rødby Faerge	6.35 Uhr	
	1.03 Uhr	Puttgarden	5.08 Uhr	
	2.06 Uhr	Lübeck Hbf	4.07 Uhr	
▼	3.07 Uhr	Hamburg Hbf	3.11 Uhr	an
ab				
an	4.13 Uhr	Bremen Hbf	2.07 Uhr	ab
	5.20 Uhr	Osnabrück Hbf	1.00 Uhr	▲
	5.51 Uhr	Münster (Westf.) Hbf	0.28 Uhr	
	6.45 Uhr	Essen Hbf	23.37 Uhr	
	7.00 Uhr	Duisburg Hbf	23.22 Uhr	
	7.17 Uhr	Düsseldorf Hbf	23.07 Uhr	
▼	7.46 Uhr	Köln Hbf	22.39 Uhr	
an	8.32 Uhr	Aachen Hbf	21.53 Uhr	ab

HAMBURG	◄		►	MÜNCHEN
vom 1. Juni 1986 bis 27. September 1986				
D 789				**D 788**
ab	22.11 Uhr	Hamburg-Altona	8.20 Uhr	an
	22.18 Uhr	Hamburg Dammtor	8.12 Uhr	▲
	22.27 Uhr	Hamburg Hbf	8.06 Uhr	
	22.40 Uhr	Hamburg-Harburg	7.48 Uhr	
	23.01 Uhr	Lüneburg	7.24 Uhr	
	23.21 Uhr	Uelzen	7.03 Uhr	

Asking the way

Listen to the first short conversation.

1 A tourist stops a passer-by to ask the way. What does she reply?

2 How do you ask the way in German? Listen to the next conversation, then write down the phrases you'd need for:

a asking the way to Marienplatz.

b saying you haven't understood.

c asking the person to repeat what they've said.

3 Listen again, then with a partner work out what *B* would say in the conversation below. Write down the conversation, and act it out, swapping roles.

A: Entschuldigen Sie – wie kommt man hier *zum Karlsplatz*?

B: Say it's *left here*, then *right at the crossroads*, then *straight on.*

A: Oh, das hab' ich jetzt nicht verstanden!

B: _____.

A: Noch eine Frage, bitte. Wie komm' ich dann *zum Ostbahnhof*?

B: Say *you're sorry, you're not from here either.*

A: *Macht nichts*! Also, vielen Dank!

B: _____.

4 Now direct visitors round your own area! Work out different versions of the conversation, substituting your own ideas for the phrases in italics. Act out these conversations too.

Entschuldigen Sie excuse me
links left
geradeaus straight on
die Kreuzung crossroads
die Brücke bridge
fast almost
nochmal again

7

C Reserving a room

At the Information Desk in Munich's main railway station, you reserve a room and are given a map. Part of it is shown on the right.

Listen to the tape and check the route to your hotel on the map.

Listen to the tape again, rewinding if you need to. Then say whether the following statements are *true* or *false*.

▶ Correct any false statements.

1 You ask for a single room with washbasin.
▶ 2 You'd like to be near the town centre.
3 The room would cost over DM 70.
4 The hotel is only two minutes away.
5 Outside, you turn first right, then left and straight on.
▶ 6 There is no charge for arranging accommodation.
▶ 7 You pay a small deposit for the hotel.
▶ 8 You hand in the white copy at the cash desk.

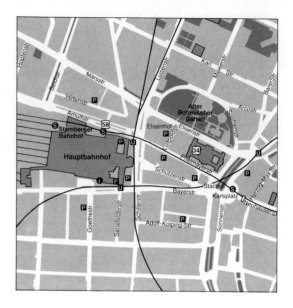

die **Preisklasse** price range
das **Einzelzimmer** single room
das **Frühstück** breakfast
mit Dusche/WC with shower/WC
das **Waschbecken** washbasin
geradeaus straight on
die **Vermittlungsgebühr**
                                    reservation fee
die **Anzahlung** deposit
bekommen receive

> Einzelzimmer mit ____:
> DM ____ pro Nacht, ____ inklusive.
> Vermittlungsgebühr: ____.
> Anzahlung: ____.

At a hotel

1 You need a single room for this evening, preferably in the town centre, and with a washbasin, but not too expensive. With a partner, work out what *A* might say in the conversation below. Write down your conversation and act it out, swapping roles.

A: Say hello.
B: Guten Tag! Bitte schön?
A: Ask for *a single room, town centre.*
B: In welcher Preisklasse, bitte? Mit Dusche/WC?
A: Tell him/her. You don't want to pay too much.
B: Ich kann Ihnen sagen, *im Stadtzentrum*

würde das Zimmer inklusive Frühstück so um *sechzig Mark* kosten.
A: Say yes, that's all right.
B: Und für wie lange, bitte?
A: Tell him/her.
B: Ist gut. Ich werde nachsehen. Moment, bitte.
A: Say thank you.

▶ 2 Write out different versions of the conversation, substituting your own ideas for the phrases in italics, e.g. 'mit Waschbecken', 'mit Bad', etc.

Non-stop durch Europa

Tips für Tramps

Die Interrail-Karte für junge Leute von 12–26 Jahren ist einen Monat lang gültig. Für die Fahrt im eigenen Land bis zur Grenze muß der halbe Fahrpreis bezahlt werden. Für die Fahrt bekommt man einen Interrail-Paß. Nach der Reise kann man den Paß am Bahnhof abgeben, dann bekommt man 10 Mark zurück.
Viele Bergbahnen, Bus- und Schiffahrtslinien sind für Interrailer billiger. Für die wichtigsten Transeuropa-Routen sollte man rechtzeitig Platzkarten bestellen.

der Entschluß decision
irgendwohin (to) anywhere
weiter further on
beliebt popular
wichtig important
die Strecke stretch, route
vorher beforehand
egal doesn't matter
tagsüber in the daytime
gültig valid
eigen own
der Fahrpreis fare
die Grenze border

Christine (19) ist ein 'Interrailer', und Interrailer lieben schnelle Entschlüsse: „Ganz einfach: Du steigst in einen Zug und fährst los – irgendwohin. Und wenn's dir dort nicht gefällt, dann fährst du einfach weiter." In diesem Sommer ist Christine mit ihrer Freundin Petra (18) durch Österreich und die Schweiz, durch Frankreich und England bis nach Schottland gefahren.
Mit dem Interrail-Ticket kann man durch 30 Länder in Europa reisen, so weit und so lange, wie man will. Das Ticket kostet in der Bundesrepublik Deutschland 410 Mark. In jedem Jahr reisen etwa 70 000 junge Deutsche auf diese Weise. Besonders beliebt sind Frankreich, Italien und Griechenland. Auf den wichtigsten Strecken (zum Beispiel London-Paris-Lyon-Marseille) sollte man vorher einen Platz buchen.
Aber Interrailer machen nicht gerne Pläne. Die meisten wollen einfach nur weit weg, egal wohin. Manche fahren einfach nur in Europa herum: mal kurz nach Norwegen (nonstop in zwei Tagen), von dort nach Amsterdam und dann über Rom und München nach Berlin. Sie bleiben nur kurz in jeder Stadt. Am Abend wollen sie wieder im Zug sein, denn viele reisen mit dem Interrailer-Trick: die Bahn als Hotel benutzen, das heißt: tagsüber die Städte ansehen und in Nachtzügen fahren und schlafen. Manche reisen vier Wochen durch Europa mit nur 500 Mark in der Tasche.

The text above right was taken from an article in *Jugendscala*.
Read it carefully, then answer the questions in English.

1 Why does Christine recommend Interrail travel?
2 Name three countries she visited with her Interrail card.
3 What other advantages of Interrail travel might interest you?
4 How long would it normally take from Germany to Norway by Interrail?
5 Could you use the Interrail card on buses too?
6 Where should you hand in the ticket after your holiday, and why?

Richtig oder falsch?

Some of the following statements are false. Identify the false statements, then write down the information in the text which tells you this.

1 Interrailer planen die Reise immer ganz genau.
2 Sie fahren zum Beispiel nach Griechenland.
3 Viele schlafen unterwegs.
4 Die Karte ist sechs Wochen gültig.

Report

After completing the previous exercise, write a short report describing Interrail travel for your school magazine. Add any comments of your own. Write 120–150 words in English or ▶ German.

2 Hotel und Jugendgästehaus

Booking a room

How do you book a room? Listen to the tape once, then listen again and say whether the following statements are true or false, or whether it's impossible to say.

1 Das Zimmer ist für eine Person.
2 Das Zimmer ist für zwei Nächte.
3 Das erste Zimmer ist mit Dusche/WC.
4 Es ist das billigste Zimmer, das sie haben.
5 Das zweite Zimmer kostet DM 75.
6 Alle Zimmer sind mit Fernseher und Telefon.
7 Das Frühstück ist nicht inklusive.
8 Sie bekommen eine Zimmerkarte und einen Schlüssel.
9 Das ist Zimmer Nr. 380.
10 Das Frühstück wird ab halb sechs serviert.
11 Zum Frühstück gibt es täglich frisches Obst.
12 Das Frühstückszimmer ist die dritte Tür rechts.

▶ Can you correct the false statements? Listen again, then rewrite them to give the correct information.

HOTEL LUDWIG

BRANDENBURGERSTRASSE 22-24
am Breslauer Platz
Tel. 0221/123031 Tx 8885326
5000 Köln 1

Doppel- double
billig cheap
mit Waschgelegenheit
  with washbasin
inbegriffen included
das Reservierungsformular
  booking form

A mixed reception . . .

Look at the conversation below. *A*'s part of the conversation is in the right order, but *B*'s (the receptionist's) replies are muddled up.
Write down the conversation so that it makes sense.
Then act it out in pairs, swapping roles.

A: Guten Tag! Haben Sie bitte *ein Einzelzimmer* frei?
A: Für *drei Nächte*, wenn das möglich ist.
A: Ist das das billigste Zimmer, das Sie haben?
A: Ist das auch mit Frühstück?
A: Gut, dann nehm' ich das Zimmer!
A: Bitte sehr.
A: Danke. Ab wann gibt es Frühstück?
A: Und wo ist *das Frühstückszimmer*, bitte?
A: Danke schön! Auf Wiedersehen!

B: Das *Frühstückszimmer* befindet sich im Gang, *zweite Tür rechts*.
B: Ja, das Frühstück ist auch inklusive.
B: Gut. Würden Sie dann bitte das Reservierungsformular ausfüllen?
B: *Drei Nächte*? Ja, das geht.
B: Da hätten wir ein Zimmer mit *Dusche/WC* für *DM 65*, Frühstück inbegriffen. Wie wär's damit?
B: Das Frühstück wird ab *sieben Uhr* serviert, bis *halb elf*.
B: Bitte sehr! Auf Wiedersehen!
B: Guten Tag! Ja, für wie lange, bitte?
B: Vielen Dank! Also Ihr Schlüssel. Sie bekommen Zimmer *310 im dritten Stock*.

▶ Write down and act out different versions of the conversation, substituting your own ideas for the phrases in italics.

Hotel Ludwig

Das Hotel Ludwig befindet sich in ruhiger Lage im Stadtzentrum. Zum Dom, Hauptbahnhof, zu der Altstadt und den Sehenswürdigkeiten sind es nur wenige Gehminuten: zum Messe-Kongreßzentrum 500 m.
Als familiär geführtes Haus bieten wir Ihnen freundliche, persönliche Bedienung und den Komfort eines modernen Stadthotels.
100 Betten, Minibar, Konferenzräume, Lift, Parkplätze und Hotelgaragen, 24 Stunden-Service.
Alle Zimmer sind gediegen und geschmackvoll ausgestattet und verfügen über Radio, Farbfernsehen, Selbstwähltelefon, schallisolierte Fenster und natürlich Bad, Dusche, WC.
Schon ab 6 Uhr erwartet Sie unser reichhaltiges Frühstücksbuffet.

Hotel Ludwig is in a quiet position in the town centre, only a few minutes on foot from the old city and the sights, and only 500 metres from the Trade Fair Centre.
As a well-run family hotel we offer you a friendly, personal service and the comfort of a town hotel.
100 beds, minibar, lift, parking spaces, and 24-hour service.
All rooms are well and tastefully furnished and have radio, colour TV, direct dial telephone, soundproof windows and, of course, bath and WC.
A generous buffet breakfast awaits you from as early as 6 a.m.

▶ Read the extract from the hotel brochure above, then compare it with the proposed English version beside it. There are six omissions! Can you rewrite the English version correctly?

Die Jugendherberge

At youth hostels you meet young people from all over the world – and it's cheap! Look at these prices:

1 Does the overnight charge include breakfast?
2 What extra charges might there be?
3 Are hot meals provided?

Übernachtung mit Frühstück ab DM 10,30 plus Leihgebühr für Bettwäsche einmalig DM 2.—
Warme Mahlzeit DM 5,50.
Öffnungszeit   12.00–1.00 Uhr

gemütlich cosy
die Küche kitchen, cuisine
Halb- oder Vollpension
    half or full board
beliebt popular
der Treffpunkt meeting place,
    rendezvous

Das Jugendgästehaus

Youth guest houses like *haus international* in Munich are more expensive than youth hostels, but offer more facilities. Read this brochure extract, and list in English the five facilities advertised which would interest you most.

168 Zimmer, 560 Betten
Gemütliches Restaurant, exzellénte Küche:
Buchungen mit Frühstück, Halb- oder Vollpension oder Vollpension nach Wahl
Freundliche Zimmer
Beliebte Treffpunkte im Haus: Foyer, Hallenbad, Discothek, Bar, Tischtennisraum und Fernsehzimmer

11

▶ **More than just a guest house!**

Why was *haus international* built, and what
has made it internationally well known?
Read this brochure extract:

> Das *haus international*, das 1972 für die
> Olympischen Spiele gebaut wurde, hat sich
> weltweit bei Schulen, Universitäten und
> Jugendgruppen den Ruf erworben, jungen
> Menschen eine gute und preiswerte Unterkunft zu
> bieten – mitten in München, der lebendigsten Stadt
> der Bundesrepublik Deutschland.
> Aber das *haus international* ist weit mehr als ein
> Gästehaus. Es ist ein modernes Zentrum für
> Kongresse und Studienaufenthalte, und es ist eine
> lebendige Stätte der Begegnung.
> Hier lernen sich junge Menschen aus verschiedenen
> Kulturkreisen und Nationen kennen und verstehen.
> Hier können sie in einer entspannten und herzlichen
> Atmosphäre ihre Ansichten austauschen und ihre
> Probleme diskutieren.

der Ruf reputation
lebendig lively
der Studienaufenthalt
   educational holiday
**aus verschiedenen Kultur-
kreisen**
from different cultural backgrounds
das Land country
die Ansicht opinion
austauschen to exchange

Now copy and complete the following notes
in German:

> **haus international**
> Gebaut 1972 _____ (*for which special event?*)
> Weltweit berühmt bei _____ (*which
>   institutions?*)
>
> Bietet jungen Menschen _____ (*what facility?*)
> Steht _____ (*where?*)
> Zentrum für _____ (*which events?*)
> Für junge Menschen aus _____ (*where?*)

Checking in at *haus international*

At the reception desk you chat to Mike, another new
arrival. He's from Australia, and doesn't speak any German
– help him out! Listen to the tape, then tell him what he
wants to know. Rewind if you need to.

Mike: I'd like a single room if possible.
You: They only have _____ free today.
Mike: What does that cost?
You: _____ with breakfast.
Mike: When do they close?
You: _____.
Mike: What time is breakfast?
You: _____.
Mike: Can I stay all week?
You: _____.
Mike: Do I have to pay to use the swimming
pool?
You: _____.

durchgehend throughout
vermieten to let
tageweise on a daily basis
sich überlegen to consider
sich eintragen to sign in
das Getränk drink
umsteigen to change

Mike: When is it open?
You: _____.
Mike: What about the disco?
You: _____.
Mike: How much does it cost to eat here?
You: _____.
Mike: Where can I get a bus into town?
You: _____.

12

Choosing accommodation

Two of your friends are planning on staying at *haus international*.
They can spend up to DM 60 a night each – but no more!
Look at the price list below and answer the questions.

p.P = pro Person
HP/VP = Halbpension/
Vollpension

	mit Frühstück	Halbpension	Vollpension
Einzelzimmer	37,–– DM	49,50 DM	60.50 DM
Doppelzimmer p.P.	35,–– DM	47,50 DM	58.50 DM
Dreibettzimmer p.P.	29,50 DM	42,–– DM	53,–– DM
Vierbettzimmer p.P.	28,–– DM	40,50 DM	51,50 DM
Fünfbettzimmer p.P.	27,–– DM	39,50 DM	50.50 DM
EXTRAKLASSE	Einbettzimmer mit Du./WC		Zuschlag DM 17,– p.P.
	Zweibettzimmer mit Du./WC		Zuschlag DM 11,– p.P.

Das Haus verfügt über ein geheiztes Hallenschwimmbad, modernes Restaurant, Bar, Fernsehzimmer, Konferenz- und Seminarräume, Medienmittel, Plenar- und Tagungssaal für 350 Personen, Tischtennisraum

In der Hauptsaison von März bis Oktober können Buchungen nur mit HP oder VP entgegengenommen werden.
Preisänderungen vorbehaltlich der wirtschaftlichen Entwicklung   **INKLUSIV-PREISE**

1 Could they afford full board in a double room?

2 With full board in a three bed room, how much money would each have left over every day?

3 How many beds are there in the cheapest rooms?

▶ 4 Sharing a double room, how much extra would each pay for shower/WC?

▶ 5 They'd prefer two single rooms with breakfast. Can they book this in summer?

▶ 6 Are these prices inclusive?

Making a postal reservation

1 Rewrite the letter below, filling the gaps with words taken from the list next to it.

▶ 2 Write a letter on your own behalf, altering the words in bold type to fit your own requirements, e.g. **Meine Freundin, in den Osterferien, zwei Wochen.**

verbringen to spend
falls in case
rechtzeitig in time

17. Mai, 19 . .

Haus international
Elisabethstraße 87.

D–8000 München 40

Sehr _____ Damen und Herren!

Mein Freund und ich _____ in den Sommerferien **eine Woche** in München verbringen und möchten _____ bei Ihnen **zwei Betten mit Halbpension** _____. Wir würden am **16. August** _____ und bis **31. August** bleiben. Am _____ hätten wir **zwei Einzelzimmer** aber wir _____ auch **zwei Betten in einem Mehrbett-zimmer**. Wir _____ Sie, uns bald zu _____, falls dies nicht möglich ist, so daß wir noch rechtzeitig _____ anderes buchen können.

Mit freundlichen Grüßen

reservieren
schreiben
geehrte
bitten
nehmen
gerne
wollen
ankommen
etwas
liebsten

13

3 Bank und Post

Changing money

You need to change some money and call into a nearby bank with the check list below. Listen to the tape, then copy out and complete the notes, filling in the gaps.

> Maximum withdrawal per cheque: DM ____.
>
> Current exchange rate: ____.
> Make cheques payable to: ____.
> Bank charges in Germany: ____.

wechseln to change
der Euroscheck eurocheque
einlösen to redeem, cash
der Stempel stamp
abheben to withdraw
die Gebühr fee, charge
der Reisepaß passport
der Schein bank note
klein small (change)

Deutschland
Mark
Pfennige

Österreich
Schillinge
Groschen

die Schweiz
Franken
Rappen

Act it out

**Listen again, rewinding if necessary. Then look at the currency pictured opposite. In pairs, work out conversations between the customer (A) and the bank cashier (B) following the guidelines below for:
a Germany b Austria c Switzerland.
Write down your conversations, including greetings and common courtesies. Then act them out, swapping roles.**

1 A: Ask what the exchange rate (der Wechselkurs) is today.
  B: In DM/Schillinge/Franken, ja? Sie bekommen heute einen Wechselkurs von zwei Mark siebzig/neunzehn Schilling zehn/zwei Franken zweiunddreißig.
  A: Say you'd like to change £50. Ask for most of the money in banknotes and the rest in change.
  B: Können wir machen. Bitte schön.

▶ 2 A: Ask if they accept Eurocheques.
  B: Ja, natürlich. Sie können pro Scheck bis vierhundert Deutsche Mark/zweitausendfünfhundert Schilling/dreihundert Franken abheben.
  A: Ask about their fee.
  B: Bei uns keine.
  A: Ask to whom you should make out the cheque.
  B: Hier können wir unseren Stempel einsetzen.
  A: Ask what today's date is.
  B: Heute . . .

At the Post Office

You go to the Post Office (**das Postamt**) to buy some stamps for England, and to make a phone call home. Listen to the tape, then copy out and complete the following notes for future reference:

Stamps to England: postcards Pf ____.
                    letters   DM ____.
Telephone England from counter ____.
Dialling code: ____.

die Postkarte postcard
der Brief letter
je ... each
der Schalter counter
durchwählen direct dial
die Vorwahl dialling code

Act it out

Listen to the tape again, then in pairs:

1 Work out *B*'s conversation with the post office official and write it down. Act it out, swapping roles.

A: Bitte schön?
B: Say you need stamps for England. You have *four postcards* and *a letter*.
A: Ja, *die Postkarten kosten je* ____, und *der Brief kostet* ____.
B: Say you're sorry, you have no small change.
A: Tut mir leid, einen *Hunderter* kann ich nicht wechseln. Gehen Sie bitte zum Schalter *drei*.
B: Ask where you can telephone to *England*.
A: Das ist bei Schalter ____.
B: Ask if you can dial directly to *England*.
A: Können Sie machen. Aber die Vorwahl weiß ich leider nicht. Da müssen Sie bei Schalter ____ fragen.
B: Say thank you.
A: Bitte!

2 Write down and act out different versions of the conversation, substituting your own ideas for the phrases in italics.

Sorry, wrong number!

Listen to the telephone conversation, then work out conversations of your own on similar lines. (Use the plan below to help you.) Write them down and act them out with a partner, swapping roles.

A: Ja, bei Müller.
B: Ask isn't that . . . (das Aki Kino/Hotel Kaiser/Reisebüro Globus)?
A: Nein, da sind Sie leider falsch verbunden.
B: Say you're sorry and goodbye.
A: Das macht nichts. Auf Wiederhören!

15

**Die Telefon-Information
für Österreich-Reisende**

So einfach ist es, zu Hause anzurufen:
Von allen öffentlichen Telefonen. Ausgenommen sind Ortsmünztelefone.

Zuerst die Vorwahlnummer 0 60 (mit geringen Ausnahmen) der Bundesrepublik Deutschland wählen.

Dann die Ortsnetzkennzahl ohne die erste 0. Für München also nicht 0 89, sondern 89.

Dann die Anschlußnummer des Teilnehmers. Wenn der Teilnehmer sich meldet, dann den roten Sprech-/Zahlknopf drücken. Probieren Sie es aus – z. B. mit dem Nachrichtendienst in München: 0 60-89-11 65.

Ruf doch mal an!

Make that call!

▶ You're in Austria, and want to telephone your German pen-friend. Read the information above then copy out and complete the following notes.

Telephoning from Austria:

Use any _____ except _____.
First _____.
(This is 060 for _____).
Then _____ and _____.
When the _____, press _____.
Test procedure by dialling
the _____, Munich.

öffentlich public
das Ortsmünztelefon local coin-operated telephone
die Vorwahl dialling code
wählen to choose, dial
der Ort place
das Netz net, network
die Kennzahl code number
der Anschluß connection
der Teilnehmer subscriber
der Knopf button

Call back later

Listen to this telephone conversation. The caller is out of luck! Work out a conversation of your own on similar lines. Write down your conversation, then act it out with a partner, swapping roles.

A: Ja, bei _____?
B: Ask to speak to a friend.
A: Wer ist bitte am Apparat?
B: Say who you are.
A: Tut mir leid, _____.
B: Wann _____?
A: Ich weiß nicht. Vielleicht _____.
B: Ist gut. Auf _____.
A: _____.

What do you think this notice is warning you about?

Pen-friends

Young people often advertise in magazines for pen-friends or collector's items. Study the sample adverts below. (We have of course changed the names and addresses!) Then answer the questions, looking up any words you don't understand in the vocabulary at the back of the book.

Hallo!

Wer schreibt uns?
Wir antworten gern!

V: **Thomas**
N: **Kretzer**   A: **15**
Str.: **Georg-Droste-Straße 38**
S: **D–4417 Altenberg**
H/I: **Fußball, DLRG (Deutsche Lebensrettungsgesellschaft), Lesen, Radfahren**
bes. erw.: **England, Österreich, Schweiz, Sowjetunion**
Bem.: **Korresp. in Englisch**

V: **Christian**
N: **Kornetzki**   A: **15**
Str.: **Wiesengrund 25**
S: **D–28 Bremen**
H/I: **Musik, Schwimmen, Spazierengehen, Briefe schreiben**
bes.erw.: **von überall**

V: **Elke**
N: **Moog**   A: **15**
Str.: **Hasenstiege 15**
S: **D–78 Freiburg**
H/I: **Lesen, Stricken, Musik hören, Spazierengehen, Schwimmen, Radfahren**
bes.erw.: **England. Bitte in Deutsch schreiben.**

V: **Sabine**
N: **Schirmer**   A: **14**
Str.: **Alter Kreuzweg 7**
S: **4404 Telgte**
H/I: **Handball, Lesen, Musik, Disco, Schlittschuhlaufen**
bes.erw.: **Frankreich, England, Türkei, Italien, Schweden**
Bem.: **Jungen sind für mich Luft, aber ohne Luft kann ich nicht leben!**

SOS! Wer schickt mir Modeschmuck (besonders Ohrringe), Romantik-Poster, Briefpapier mit Umschlägen, Parfümproben?
Ich tausche mit Postern aller Art, Briefpapier, Romanen, Poesiesprüchen und Briefmarken, Briefe mit Rückporto werden bevorzugt beantwortet.
Sonja Dohr, Max Weber Straße 32, 44 Münster

Sammle Tierpostkarten und Aufkleber. Ich tausche gegen Aufkleber, Postkarten und Briefmarken aus aller Welt. Wunsch angeben!
Daniela Schulz, Mannshofweg 12, 2000 Hamburg.

1 Decide which persons might be suitable as pen-friends for those whose interests are:

a football
b stamp-collecting
c music
d skating
e cycling
f swimming
g reading
h knitting
i life-saving
j animal pictures
k stationery
l walking

2 Write a similar advertisement in German on your own behalf.

3 Reply to one of the adverts on a postcard (30–40 words in German). Don't forget to include your own address!

▶ 4 Reply in letter form to one of the adverts. Write 100–120 words in German. Begin: 'Liebe(r) _____' and sign off: 'Alles Gute, Deine(r) _____.'

17

4 Guten Appetit!

Snacks and take-aways

Sightseeing has given you an appetite! Study the signs and answer the questions. (Use the vocabulary at the back of the book if you need to).

1 Can you identify two kinds of wares on sale here? Write them down in English.

Räuchereck · Imbiss
Heiße Würstel · Warmer Leberkäs · Wurstwaren · Getränke

2 Now read the sign on the right and write down the answers to the questions in German.
   a What shouldn't you order if you don't like pork?
   b Which dishes appear to be farmhouse fare?
   c What could you probably not manage to eat by yourself?
   d What could you order if you like chips and sausages?
   e What sort of fish are they serving today?
   f Which seems most likely to be an Austrian speciality?

SCHWEINEBRATEN	78.-
BAUERNSCHMAUS	86.-
BAUERNOMELETTE	63.-
BAUERNPLATTE FÜR 2 PERSONEN	172.-
FRANKFURTER MIT POMMES FRITES	39.-
BRATWÜRSTL	49.-
KESSELGULASCH	86.-

MENÜS:

SUPPE, GEFÜLLTE PAPRIKA	69.-
SUPPE, CEVAPCICI GARN.	58.-
SUPPE, FISCH GEBACKEN	69.-
SALZBURGER NOCKERL	69.-
KAISERSCHMARRN MIT PREISELBEEREN	59.-

At the café

You've stopped off for refreshments at a pleasant open air café, but you need to keep check of your finances. Listen to the tape, then copy out and complete the diary entry below.

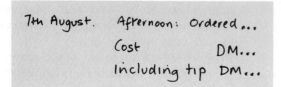

7th August.   Afternoon: Ordered ...
          Cost   DM ...
          Including tip DM ...

Now you!

What do *you* like to eat and drink? You're in a café and want to order refreshments. In pairs, work out your conversations, including greetings and common courtesies. Then act them out, swapping roles.

A matter of taste

We asked Peter and Helga what they liked eating best. Instead of giving a straight answer, they launched into this subtle repartee! Who had the last word? Listen to the tape.

Würstchen sausages
Pommes frites chips
der Rinderbraten roast beef
der Rotkohl red cabbage
Leibziger Allerlei mixed vegetables
der Eintopf hotpot
die Scholle flat fish, plaice
Salzkartoffeln jacket-boiled
                       potatoes
das Kaugummi chewing gum
'runterschlucken to swallow
gesund healthy
es macht Spaß it's fun

1 Listen again, then write down in English (▶ or German) those foods mentioned which you:
  a also enjoy
  b dislike

2 In German, ask your friends about their food preferences:
  Was ißt du gern/am liebsten?
  Was schmeckt dir nicht?

▶ 3 You've been invited to visit your pen-friend's family. They want to know what foods you enjoy, and what you don't like or what doesn't agree with you. Copy out and complete this extract from your letter to them.

  vertragen to bear, stand

Ich esse gerne ......
(Am liebsten esse
ich ......)
Mir schmeckt/schmecken
aber kein(e) ......
und ......
vertrage ich leider
nicht.

Royal recipe

If you like pancakes, you'll enjoy
Kaisersschmarren, a delicious Austrian
speciality.

der **Kaiser** emperor
der **Schmarren** nonsense (dialect)

1 Read the recipe, looking up any words you
don't know in the vocabulary at the back of
the book.

2 Read it through again, and decide
which order the illustrations
should be in.

a

250g Mehl, ¾ l Milch, 4 Eier, 250g
Butter, Salz, 1 Eßlöffel Zucker u.
Rosinen.

b

Mehl, Milch und später die
Eigelb gut verrühren.

c

Die Hälfte der zerlassenen Butter,
eine Prise Salz, Zucker und den
steifen Eierschnee daruntermischen.

d

In eine Pfanne mit dem Rest der
zerlassenen Butter ca. 3cm dick
den Teig gießen.

e

Darauf Rosinen streuen.

f

Gebacken mit 2 Gabeln zerreißen.
Mit Kompott servieren.

Bavarian specialities

This poster shows specialities from Bavaria.
Can you find the best description for each one
from the phrases below? Copy out the
phrases, and match them to the foods listed
on the right.

1 Sind süß und sauer.
2 Gehört immer zum Sandwich.
3 Brotsorte. Schmeckt salzig.
4 Kleiner Imbiß.
5 Erfrischendes Getränk.
6 Starkes alkoholisches Getränk.
7 Gelb. Schmeckt gut auf Pizza.
8 Auch gelb. Meist sehr scharf.

Schnaps
Käse
Gurken
Brot
Wurst
Senf
Brezel
Bier

Eating in Germany

Listen to Stefan talking about what Germans generally like to eat and drink. Is it very different from English food? See what you think.

How would you cater for a German guest? Listen again, then copy out and complete the following table in English (▶ or German). Rewind if necessary, and give as many details as you can.

	Zu essen	Zu trinken
Frühstück		
Mittagessen		
Abendbrot		

umfassend comprehensive
verschieden different
das Brötchen bread roll
das Salz salt
der Schinken ham
der Honig honey
ausfallen to be omitted
das Fleisch meat
das Schweinefleisch pork
selten seldom
eher sooner, rather
kugelrund round as a barrel
von daher that's why

Now you!

After working through the previous exercises:

1 Write a short note to Stefan, saying what *you* normally eat for breakfast, lunch, and tea. Use the outline below to help you. Write about 60–70 words in German.

Zum Frühstück esse ich normalerweise _____ oder _____.
Dazu trinke ich meistens _____.
Mittags esse ich _____ oder _____, manchmal aber auch _____.
Abends gibt es bei uns oft _____ oder _____ und zu trinken gibt es dann _____ oder _____.

2 For your school magazine write an article on what you know about eating habits in Britain and Germany, adding any comments of your own. Write 100–120 words in English (▶ or German).

5   Einkaufen

Buying groceries

You're in Bavaria on a school coach trip with a couple of hours at Tegernsee before lunch in the mountains – sandwiches again! You and your friends have DM 30 for extra food and you call at a small shop. Listen to the tape.

Your friends have been waiting outside. Listen again, then fill in the gaps to tell them what you bought.

They didn't have any ____, but we can get some at ____. I bought ____, ____, ____ and some ____ in slices. It's real ____ Emmenthaler! Oh, and I bought some ____. It was on offer, and only cost DM ____. We have DM ____ left.

orange juice ...
peaches ...
biscuits ...
milk ...
apples ...
peanuts ...
yoghurt ...

At the supermarket

You visit the supermarket with this list. Copy it out then study the advert below. Where possible, fill in the prices on your list.

22

Shopping around

While at Tegernsee, you visit the places below.

1 2 3

4 5 6

Can you match up what you say in each shop with the right photo?

a Ich möchte bitte ein Stück Seife.
b Kann ich ein Glas Tee haben?
c Eine *Bravo* bitte und drei Postkarten.

d Dreihundert Gramm Salami, bitte.
e Ich brauche einen Farbfilm für diese Kamera.
f Fünf Brötchen, bitte schön.

Match this!

What do the shopkeepers say in reply to the above? Choose the most appropriate reply in each case.

1 Tut mir leid, die sind leider ausverkauft. Nehmen Sie ein Weißbrot?
2 Brauchen Sie auch Briefmarken dazu?
3 Für wieviele Aufnahmen bitte? Vierundzwanzig?

4 Ja, welche denn? Eine Deoseife?
5 Im Stück oder geschnitten?
6 Mit Milch oder mit Zitrone?

Act it out!

Write out the short dialogues, adding your own replies to the shopkeepers' questions if you can. When you have checked your work, act out the dialogues in pairs, swapping roles.

Big Apple

You're handed this leaflet in the street. Study it carefully and answer the questions.

1 Where is Bayerstraße 43?
2 It's now 6.15 p.m. How much longer is the shop open?
3 They're selling all sorts of T-shirts. Do they all cost DM 4,90?
4 You'd like a patterned shirt. Do they have any?
5 The trousers seem reasonable, but are they suitable for hot weather?

> **der Südausgang** south exit
> **das Baumwollhemd** cotton shirt
> **uni** plain
> **bunt** coloured, colourful

BIG APPLE

Bayerstr. 43

N E U E R Ö F F N U N G

MODE zu kleinen Preisen!

gegenüber Hauptbahnhof
Südausgang
Telefon 53 53 72
täglich von 9–18.30 Uhr

T-Shirts versch. Modelle	ab **4,90**
Baumwoll-Hemden uni u. bunt	ab **14,90**
Blue-Jeans stone-washed	ab **19,90**
Jeans bunt bedruckt	ab **19,90**
Sommerhosen	ab **19,90**
Damen- u. Herrenblazer	ab **29,90**
Jeans-Jacken	ab **49,90**

Buying sportswear

You write to a friend about a new jeans shop you visited. Listen to the tape, then copy out this letter extract, filling in the gaps.

It's a nice shop, and not too expensive. I hadn't really wanted to pay more than DM ____, but these were DM ____, and that's not too bad for this sort of quality. There wasn't much choice, though. The assistant asked ____, and they only had ____ anyway!

Größe . . ., bitte!

In Deutschland, welche Größe? Work out your size from the grid opposite.

Now go shopping. In pairs, listen to the tape again and work out what *A* might say in the conversation below. Write down your conversation, then act it out, swapping roles.

A: Say hello.
B: Guten Tag! Sie wünschen?
A: Say you need a cotton shirt, size ____.
B: Ja, wir haben hier eins für fünfzig Mark. Darf es so was sein?

Damen

englische Größen	8	10	12	14	16	18
deutsche Größen	34	36	38	40	42	44

Herren

englische Größen	36	38	40	42	44	46
deutsche Größen	46	48	51	54	56	59

A: Say that's too dear. Ask to see something else.
B: Was wollen Sie denn etwa ausgeben?
A: Say how much you want to spend.
B: Hm, da ist hier eins für zwanzig. Wie wär's damit?
A: Ask if you can try it on.
B: Natürlich, gerne. Gehen Sie bitte in die Kabine.

* * *

Hat's gepaßt?
A: Say yes, and you'll take it.
B: Dann kommen Sie bitte mit zur Kasse.

Buying a T-shirt

Listen to the tape, and say whether the following statements are true or false.

1 Sie suchen eine Bluse mit kurzen Ärmeln.
2 Die Verkäuferin zeigt Ihnen etwas in Baumwolle.
3 Sie wollen lieber etwas in Rot.
4 Die Weißen kann man kochen.
5 Die Roten müssen aber in die Reinigung.
6 Die Weißen kosten DM 98 und die Bunten sind regulär für DM 59.

▷ Correct any false statements.

reine Baumwolle pure cotton
sympathisch nice
kochen to boil
bunt coloured
60 Grad 60 degrees Celsius
reduziert reduced
regulär regular price

Sommerschlußverkauf!

You're out shopping and see the signs opposite.

You're in luck – there's a sale on! In pairs work out your conversations with the sales assistant. Vary your purchases, asking to see a range of colours and sizes.

Write down your conversations and act them out, swapping roles. Remember to be polite!

In the department store

A friend needs presents to take home and goes into a department store. Read his/her shopping list on the right then study the store signs below.

a Copy out the headings below, then write down in English for your friend which gifts he/she'll find on each floor, and where they have a gift-wrapping service.
b In English (▷ or in German if you can) make out your own shopping list, and write down where you'll find each item.

Im Basement . . .
Im Erdgeschoß . . .
Im ersten Stock . . .

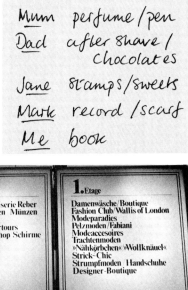

Basement FITNESS CENTER	**Erdgeschoß**	**1. Etage**
Alles für's Bad Fitnesscenter Lebensmittelabteilung Feinschmecker Paradies Geschenkverpackung-Service Parfümerie Drogerieartikel Schreibwaren Bürotechnik	Bonbonniere Confiserie Reber Bücher Briefmarken Münzen Foto Film Optik Kaufhof Reisen Airtours Lederwaren Reiseshop Schirme Rauchershop Schallplatten Uhren Juwelen	Damenwäsche/Boutique Fashion Club/Wallis of London Modeparadies Pelzmoden/Fabiani Modeaccesoires Trachtenmoden »Nähkörbchen«»Wollknäuel« Strick-Chic Strumpfmoden Handschuhe Designer-Boutique

6 Auskunft und Fahrkarten

At the Tourist Information Office

You want to know how to use the Underground, so you call at the Tourist Information Office (**Verkehrsamt**). You're interested in:
- where to buy tickets,
- how much they cost,
- how to use them,
- what's available for tourists and young people.

Listen to the tape . . .

Listen again, rewinding if necessary, and decide whether these statements are true or false.

1 You can buy tickets at each stop.
2 A blue multi-ticket costs DM 5,60.
3 You cancel one blue section per journey.
4 You cancel the ticket at the bus or tram stop.
5 There are special tickets for tourists.
6 Adults pay DM 6,50 for the 24-hour ticket.
7 Children aged 14 and under pay only DM 3,00.

▶ Correct any false statements.

Using tickets

Listen to the tape again.

1 Look at the tickets on the right.
  a Which ticket should you buy for one short journey?
  b Which ticket should you buy for several longer journeys?
▶ 2 Can you guess what this warning note means? What makes your ticket valid (**gültig**)?

> *Die Fahrkarte wird erst durch die Entwertung zur Fahrt gültig.*

Glossary

die **U-Bahn** Underground
die **Fahrkarte** ticket
die **Straßenbahn** tram
die **Einstiegsstelle** point of entry
das **Automat** ticket machine
die **Streifenkarte** multi-ticket
die **Richtung** direction
das **Fahrzeug** vehicle
der **Erwachsene** adult
das **Stadtgebiet** metropolitan area

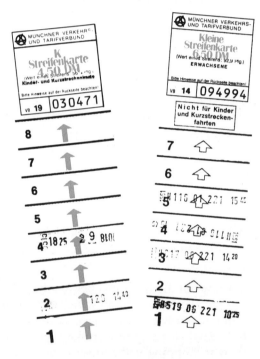

Die U-Bahn

You've been taking a look at Schwabing (the liveliest part of Munich) and now you want to go to the main railway station. The nearest 'U-Bahn' station is *Münchner Freiheit*.

1 Find *Münchner Freiheit* and the main railway station on the U-Bahn map below.
2 Which line would you take?
3 Where would you change?
4 You need a single ticket. Is the machine pictured opposite the right machine?
5 Making your way to the train, you see the sign below. What does it remind you about?

6 At the next station – which way now? Right, left, or straight on?

Schnellbahnen im Münchner Verkehrs-und Tarifverbund

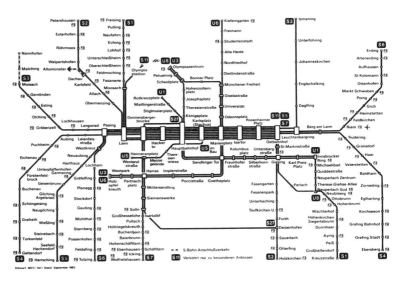

At the ticket office

You decide to make a trip to Salzburg and go to the ticket office in the main station. While you're there, you reserve a couchette for your journey back to England. Listen to the tape . . .

IC -	IC-Zu 5,0	6,00 DM
IC -	Übg 5,0	5,00 DM
Überg IC	Übg 4,0	5,00 DM

einfach single
hin und zurück return
der Zuschlag surcharge
der Schnellzug fast express
der D-Zug express
der Speisewagen restaurant car
umsteigen to change (trains)
der Liegeplatz couchette

1 Listen to the first part of the conversation again, then rewrite the postcard below, filling in the gaps.

den 12. August

Hallo Gabi!
Grüße aus München! Fahre ...... nach Salzburg – leider nicht mit dem Intercity, weil der ...... Zuschlag kostet! Sitze gerade im Bahnhofsrestaurant bei Kaffee und Kuchen – im Zug ist kein .... Macht nichts, ich muß nicht...... und wir sind schnell dort. Ich schreibe Dir aus Salzburg wieder.
Bis bald,
                    Dein (e)

2 Now listen to the second part again, and complete this postcard to your family.

Dear ....,
                    12th August
I'm catching the Ostend Express, Monday,........, leaving here at .... I've reserved a couchette in a...... compartment, so should have a good journey. Meanwhile I'm on my way to Salzburg!
See you soon,

Timetable enquiries

1 A's part of the conversation is in the right order, but B's replies have got muddled up. Study the timetable, and write down the conversation so that it makes sense, adding greetings and common courtesies. Then act out the conversation with a partner, swapping roles.

A: Wann geht morgen vormittag ein Zug nach Innsbruck?

B: Sie können auch mit dem Zug um acht Uhr zwanzig fahren.

A: Das ist etwas zu früh. Gibt's nichts anderes?

B: Das ist ab Gleis fünfzehn.

A: Um zehn Uhr ungefähr, wenn's geht.

B: Sie können zum Beispiel mit dem Zug um sieben Uhr vierzig fahren. Das ist ab Gleis achtzehn.

A: Wann kommt er an, bitte?

B: Wann wollen Sie dort sein?

A: Von welchem Gleis fährt der Zug ab?

B: Nein, brauchen Sie nicht. Der Zug fährt direkt nach Innsbruck.

A: Gut, dann fahr' ich mit dem. Muß ich umsteigen?

B: Um zehn Uhr fünfundzwanzig.

2 Work out several versions of the conversation, asking about trains to different places and at various times. After checking your work, act out your conversations as before.

DB

Fahrplanauszug
Sommer 1986
01. Juni 1986 bis
27. September 1986

München → Innsbruck

Verkehrszeiten	ab	Zug	Gleis	an	in	an	ab	Zug
über Kufstein								
Sa und So	7.08	D 317	18	9.20				
täglich	7.40	D 489	18	9.46				
täglich	8.20	D 281	15	10.25				
täglich	8.37	E 3551	6	11.19	Kufstein	9.52	10.00	E 5107
Sa bis 19.VII., täglich	10.10	D 1285	20	12.19				
vom 26.VII. bis 26.IX. werkt., nicht 15.VIII., auch 17.VI.	10.22	E 3505	14	13.46	Rosenheim Kufstein Wörgl	11.06 11.52 13.02	11.20 12.46 13.11	N 6573 E 5165 D 162
täglich	11.35	D 893	14	14.12	Rosenheim Kufstein	12.13 12.59	12.26 13.32	N 6217 D 62
werkt., nicht 15.VIII., **IC**, zuschlagfrei	12.20	**IC** 611	18	14.52	Rosenheim Kufstein Wörgl	12.58 13.46 14.10	13.14 13.54 14.15	N 6219 N 5167 D 140
täglich täglich	13.33 13.56	D 285 E 3507	15 16	15.44 16.20	Rosenheim Kufstein	14.38 15.19	14.46 15.35	N 6579 D 64
täglich	15.31	**IC** 11	11	17.25				

Angaben ohne Gewähr. Änderungen vorbehalten. Tarifangaben Stand 1.5.86

Anschlüsse von	ab	→	nach			an
					IC Zuschlag 5,00 DM	
					IC Zuschlag 5,00 DM	

1.Klasse –> 54,40 DM <–>108,80 DM
2.Klasse –> 37,40 DM <–> 74,80 DM

– 1 – Zugauskunft München Hbf

At the lost property office

You've lost your purse – off to the lost property office!
What are you asked to do? Listen to the tape . . .

der Rucksack rucksack
die Brieftasche wallet

Listen again, then work out what *A* might say in the
conversation below. Write down your conversation,
(remembering hello, goodbye, etc.) and act it out with a
partner, swapping roles.

A: Say you've lost your purse.
B: **Wann war das, bitte?**
A: Tell him/her.
B: **Und wo war das?**
A: Give as many details as you can.

▶ Now work out different versions of the
conversation, e.g. you have lost your
rucksack/wallet. Act out these conversations
in the same way.

▶ Der Nachforschungsauftrag

Listen to the tape again, then give the
information required in the
numbered blanks of the loss form
opposite. Give details of what you
lost, where, and when, etc. (Put a
dash for anything you don't know).
Describe the item and its current
value. Give details of your name and
address. Then sign the form.

Nr. (Nummer) number
die Abfahrt departure
die Ankunft arrival
der Inhalt contents
der Wert worth, value
die Nachforschung search
die Anschrift address
PLZ (Postleitzahl) post-code
der Wohnort town/place

Nachforschungsauftrag

Ich habe am ____1____ im $\frac{\text{Bus}}{\text{Zug}}$ Nr. ____2____ auf

der Fahrt von ____3____ Abfahrt ____4____ Uhr

nach ____5____ Ankunft ____6____ Uhr im

Bereich des Bahnhofs _____7_____

verloren: (bitte genaue Beschreibung, ggf. Inhalt,
bes. Kennzeichen, Farbe usw.)

_____8_____

_____

Wert am Verlusttag: ca ____9____ DM.

Ich bitte um Nachforschung.

Meine Anschrift lautet:

Vor- und Zuname: ____10____

Straße und Hausnummer: ____11____

PLZ und Wohnort: ____12____

(Unterschrift)

7 Am Campingplatz

Arriving

You're checking in at a campsite in Munich. Listen to the tape . . .

A British tourist, who doesn't know much German, wants you to help him book a pitch. This is what he tells you:

1 He wants to know if they have any space left.
2 He has a small tent and a car.
3 He is alone.
4 He wants to know how much it will cost.
5 He needs to hire a blanket.

(These numbered items correspond to the numbers given in the conversation with the receptionist.)

Listen again to the first part of the tape, rewinding if necessary. In pairs, work out your conversation with the receptionist (*B*) and write it down. Then act it out, swapping roles.

A: Haben Sie __(1)__ noch frei? Der Herr hat ein kleines Zelt und __(2)__ .

B: Ja, es sind noch Plätze frei. Für wieviele Personen?

A: Für __(3)__ . __(4)__ ?

B: Pro Person kostet es ____. Das kleine Zelt kostet ____ und das Auto ____, also insgesamt ____ pro Nacht. Ich brauche dann den Paß, und er möchte bitte das Anmeldeformular ausfüllen.

A: __(5)__ ?

B: Ja, er kann sich eine Decke ausleihen. Er muß dann etwas als Pfand hinterlegen, zum Beispiel ____ Mark.

das Zelt tent
der Paß passport
das Anmeldeformular registration form
der Platz place
die Abreise departure
pro Person per person
die Decke blanket
ausleihen to hire
das Pfand security
die Münze coin
die Gegend area
die Umgebung area
das Fahrrad bicycle
mieten to hire

Take note

You tell the man what he wants to know, and the receptionist asks you to write her some notes to help other English-speaking visitors. Listen to the whole tape once more, then copy out the notes below, filling the gaps.

At Reception you hand in your ＿＿ and you must ＿＿.
The receptionist then gives you ＿＿, which you hang ＿＿.
Costs per night are: ＿＿ per person
＿＿ per tent
＿＿ per car

Blankets can be borrowed on condition that ＿＿, for example ＿＿. Showers and washing machines are situated ＿＿, for which you need ＿＿. These are obtained at ＿＿. A small supermarket is situated ＿＿. There are ＿＿ into town, and at Reception you can buy ＿＿ and obtain ＿＿. Near the camp is a ＿＿ and there is also a ＿＿ hire stand.

Sign language

1 You've hired a bicycle at the campsite, where you see these signs.

   a Does this sign concern cyclists?
      What does it say?

   b Can you cycle back down this road?

   c You might want to get to these places: local museum, café, swimming baths, wine bar, town hall, church, sports shop. In each case say whether it is right or left from here.

2 On a cycling tour you see the sign on the right. Which kind of boat trips are available here? Which part of the lake do they tour?

MOTORBOOT — RUNDFAHRTEN
UM DEN SCHÖNSTEN TEIL VOM TEGERNSEE
KLEINE RUNDFAHRT DM 4-
GROSSE RUNDFAHRT DM 8- MIT ERKLÄRUNG
ELEKTRO-TRET-RUDERBOOTE
BOOTSVERMIETUNG RIXNER

31

Rules and prices

Arriving at the next campsite you see this notice.

1 What will you have to pay for your small tent?
2 What else will you probably have to pay for?
3 By what time must you check out on your last day?

You're expecting two friends next evening.

4 Will there be any extra charge?
5 Can they stay as long as they want?

PREISE - PRICE	
PERSON	4.50 DM
KIND - CHILD BIS 12 JAHRE	3.50 DM
ZELT - TENT	4.50 DM - 7.— DM
AUTO - CAR	3.50 DM
CARAVAN	5.50 DM
MOTORRAD	3.— DM
CAMPINGBUS	6.— DM
REISEBUS	15.— DM - 30.— DM
HUND	1.50 DM
BESUCHER	3.— DM
STROMGEBUEHR	2.— DM
STROM KW	-.60 DM
ABREISE BIS 13 UHR	

► ## Campingplatz Nord-West

You check in at 3 p.m. and are given a brochure. Read the following extract, then answer the questions on p. 33.

MÜNCHEN Weltstadt

Campingplatz Nord-West

„Lieber Campinggast!

Unser Campingplatz ist ganzjährig geöffnet. Auf unserem 36.000 qm großen Campingplatz können Sie ruhig übernachten. Unser Restaurant mit Biergarten ist ab 19 Uhr bis 1 Uhr früh geöffnet. In der Zeit von 8 bis 13 Uhr und von 16 bis 22 Uhr können Sie in unserem Imbiß kleine Snacks zu sich nehmen. Zu diesen Zeiten können Sie auch in unserem Supermarkt Ihre Lebensmittel einkaufen.
Neben beheizten Dusch-, Wasch- und Toilettenräumen stehen Ihnen unser Swimmingpool und Grillplätze zur Verfügung.
Drei Badeseen und schöne Wanderwege sind in nächster Nähe, ca. 1 bis 2 km entfernt. Auch erreichen Sie mit öffentlichen Verkehrsmitteln sehr schnell die Innenstadt.

Wenn Sie Interesse an einem längeren Aufenthalt haben, so wird man Sie gerne in unserem Büro informieren. Wir freuen uns auf Ihren Besuch.

Die Geschäftsleitung."

ganzjährig all year
übernachten stay the night
der Imbiß snack bar
geheizt heated
der Grillplatz barbecue
der Wanderweg scenic footpath
öffentliche Verkehrsmittel public transport
der Aufenthalt stay
das Büro office
die Geschäftsleitung management

1 You need some groceries. Is the camp supermarket open?
2 How long must you wait till the restaurant opens?
3 How can you get into town from here?
4 You'd like to know about special rates for a longer stay. Where should you ask?
5 You're quite impressed with facilities here and in the area. Note down three which especially interest you for future reference.

The sound of music . . .

Along the river Isar there's the cheerful sound of a brass band! Listen to the tape. You'll hear a few Bavarian accents – several are from Swabia (**Schwaben**) in South Germany.

keine Ahnung! no idea!
gefallen + *Dat.* to please
die Floßfahrt raft trip
die Natur nature
die Schleuse lock
empfehlen to recommend
die Menschen people
der Kegelverein bowling club
der Betriebsausflug firm's outing
die Stimmung atmosphere
sagenhaft fantastic
Klasse! great!
lustig cheerful, fun
der Schwabe Swabian

> Saturday
>
> Saw a raft party today, they go under . . . . . . and through . . . . . . ! People were even jumping . . . . The brass band was terrific and the . . . . . . was really great. There was a bowling club from . . . . . . singing songs. They said the . . . . . . were always cheerful.

Listen again, rewinding if you need to. Then copy out and complete the diary entry above.

▶ **Wish you were here**

Using your diary entry to help you, write a letter to a friend in German about the raft parties (up to 100 words). Use the name and address on the envelope, if you wish, beginning:

'Lieber Werner,
Grüße aus München! Heute . . .'

and signing off:
'Herzlichst, Dein(e) . . .'

Herrn Werner Stock
Mörfeldstr. 38
D-2000 Hamburg 74

8 Ferien

Why Munich?

You and a friend are planning a trip to Germany. Listen to Jens talking about why he chose Munich for a summer holiday. Then answer your friend's questions.

1 What's the weather like there in summer?
2 What is there to see in Munich?
3 What are the people like?
4 What else is there to do besides sightseeing?
5 What about the countryside? Are there any lakes (**Seen**) or just mountains (**Berge**)?
6 What about North Germany? What's it like there?

Sehenswürdigkeiten sights
das Schloß castle
das Gebäude building
der Mensch person
reden to talk
schwierig difficult
der Dialekt dialect
einkaufen to shop
das Meer sea
die Nordsee North Sea
die Ostsee Baltic
Norddeutschland North Germany

Touring around

Jens visited the Tegernsee area and booked a tour of the mountains at this travel agency. Could they help him find accommodation too?

Here are some photographs he took of Munich and the surrounding area. Can you match his captions to the pictures?

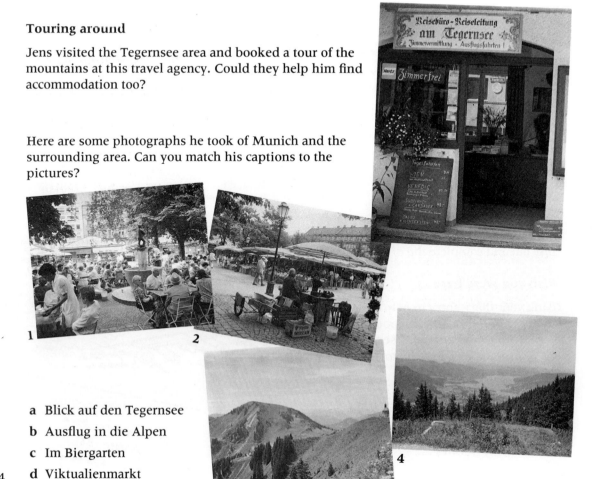

a Blick auf den Tegernsee
b Ausflug in die Alpen
c Im Biergarten
d Viktualienmarkt

◤ The choice is yours!

You're spending a week with your German pen-friend in Munich. In pairs, discuss (in German) which options you might choose from the programme below. If you wish, use the phrases on the right in your conversation.

A: Wir könnten _____ oder wie wär's mit _____?

B: Nicht schlecht. Aber _____ wäre auch interessant.

A: _____ wäre mir schon lieber.

DER GROSSE

Radio 1 auf UKW 89,0 MHz

FERIENDIENST
Radio 1 auf UKW 89,0 MHz
bietet Ihnen ein buntes Veranstaltungsprogramm

vom 15. Juli bis zum 15. September 1986
mit vielen Highlights, wie

★ Radio 1-Jobservice
★ Jugendaustausch sowie Vermittlung von Auslandspraktika und Au-Pairstellen insbesondere für Amerika
★ Sightseeing-Tours in und um München
★ Radlfahrten mit anschließender Brotzeit
★ Prämiierung des schönsten Picknickkorbes
★ Schlauchboot-Tour von Bad Tölz nach Wolfratshausen
★ Sommerfest im Olympia Park
★ Großes Radio 1-Tiertreffen
★ Radio 1-Jazzbrunch
★ Ferien-Sprachkurse
★ Interessante Kurzreisenangebote
★ Golf-, Squash-, Surf-, Tennis- und Schwimmkurse
★ Großer Fotowettbewerb zum Thema: „Das tierische im Menschen und das menschliche im Tier"

Weitere Informationen erhalten Sie täglich auf
Radio 1 UKW 89,0 MHz, in der Anzeigenannahme der Bildzeitung, Schellingstraße, der Stadtinformation im Stachus Tiefgeschoß oder Sie entnehmen die Termine direkt aus

BILD und **STADT ZEITUNG**

Machen Sie mit!

ERHOLEN, ERLEBEN, ENTSPANNEN
bei SPIEL, SPORT und SPASS
mit Radio 1 auf 89,0 UKW!

Radio 1, Bahnhofstraße 33, 8043 Unterföhring, ☎ 95 01 06

der Feriendienst holiday service
die Veranstaltung show, entertainment
der Jugendaustausch youth exchange
die Radlfahrt cycle tour (*dialect*)
die Brotzeit picnic (*dialect*)
das Schlauchboot rubber dinghy
das Sommerfest summer festival, party
das Tier animal
das Treffen meeting
der Sprachkurs language course
das Kurzreiseangebot excursion offer
der Wettbewerb competition
mitmachen to join in
das Spiel game
der Spaß fun

Holidays abroad

Listen to Erna talking about her holidays and choose the correct answer to the questions below.

1 Erna hat es in Italien gefallen, weil
   a das Essen so gut war.
   b ihre Kusine dort wohnt.
   c sie den Wassersport liebt.
2 Nächstes Jahr
   a bekommt sie Besuch aus der Karibik.
   b besucht sie eine Freundin auf Jamaika.
   c macht sie auf Jamaika Urlaub.
3 Sie fährt
   a allein.
   b mit ihrem Mann.
   c mit einer Reisegruppe.
4 Sie interessiert sich am meisten für
   a den Strand und die Sonne.
   b die Menschen dort.
   c das Surfen und Tauchen.

Italien Italy
surfen to windsurf
tauchen to dive
Jamaika Jamaica
die Karibik Caribbean
die Kusine cousin
Bräuche und Sitten customs, way of life

A warm welcome

Gerhard and his wife are from Stuttgart in South Germany. They recently went on a walking tour in Wales.

1 Listen to the tape . . .
   a Why did they choose to visit Britain?
   b How far did they walk altogether?
   c Where did they stay?
2 Listen again, rewinding if necessary, then in English write a short note to the Welsh Tourist Board on their behalf, saying:
   a What they particularly liked.
   b What they found rather monotonous.
3 Listen once more, then look at the summary below. It's not very accurate. Can you rewrite it properly?
   a Gerhard hat mit sechs Jahren begonnen, Englisch an der Schule zu lernen.
   b Andere Sprachen interessieren ihn nicht, aber er fährt gerne mit seiner Frau nach England.
   c Sie waren in der Hauptstadt von Wales.
   d Sie sind von Südwales nach Nordwales gefahren.
   e Dort gab es keine Pensionen. Sie haben in Hotels gewohnt.
   f Es gab auch wenig Kontakt zu der Bevölkerung.
   g Das englische Abendessen haben sie gut gefunden, besonders die warmen Tomaten!

wenig little
der Urlaub holiday
es macht Spaß it's fun
die Grenze border
wandern to hike
die Bevölkerung population
ungewöhnlich unusual
Lebensgewohnheiten habits
das sonstige Essen other meals
eintönig monotonous

Coach trip

You go on a package holiday to Bavaria, travelling by coach
from Munich, round the Chiemsee area and on to Salzburg.

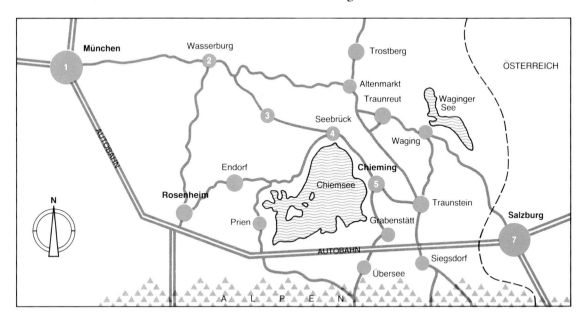

1 Look at the map and study the notes below.
2 Look up any words you don't know in the vocabulary at
   the back of the book.
3 In English (▶ or German) write an account of the
   holiday for your school magazine. You need not include
   every detail, but write as much as you can.

① München
   Ankunft 09.15
   zwei Nächte
   Stadtrundfahrt
   Schloßbesichtigung
   Abend: Jazzkonzert in Schwabing

② Wasserburg
   eine Nacht
   Stadtbummel, Andenken gekauft
   Abend: Weinprobe

③ Unterwegs
   Richtung Seebruck: kleine Panne

④ Seebruck
   Mittagessen im Hafenrestaurant
   Ruderboot gemietet

⑤ Chieming
   zwei Nächte
   Dampferfahrt auf dem Chiemsee
   Photos gemacht
   Abend: Volksfest

⑥ Autobahn
   Stau an der Grenze
   Unfall gesehen

⑦ Salzburg
   drei Tage
   Mozarthaus
   Aufstieg zur Festung
   Ausflug in den Alpen
   Wanderung
   Abend: Discothek, Kino
   Abfahrt: 08.30

9 Sport und Wetter

Stefan

Listen to Stefan talking first about the weather, then about the different sports he enjoys, and choose the right answers to the questions below.

windig windy	
bewölkt cloudy	
die Hitze heat	
angenehm pleasant	
der Himmel sky	
der Gletscher glacier	

1 Today is
  a hot and sunny.
  b cold and wet.
  c cooler and cloudy.
2 Yesterday
  a wasn't quite so warm.
  b was a bit pleasanter.
  c was very hot.
3 He doesn't mind
  a the warmer weather.
  b the cooler weather.
  c the hot weather.
4 He finds winter in Munich
  a nasty.
  b very pleasant.
  c not bad.

5 North German winters usually bring
  a frost and clear skies.
  b rain, but little snow.
  c snow and ice.
6 Stefan says he
  a has lots of spare time.
  b only works in winter.
  c has little spare time.
7 Near Munich
  a you can ski all year round.
  b there are few mountains.
  c there are too many glaciers.
8 In summer Stefan
  a prefers skiing.
  b often goes sailing.
  c mostly plays tennis.

The weather . . .

We asked Peter and Helga to give you some useful weather expressions. Listen to the tape . . .

▶ What's the weather like in your part of the world? Listen again, then write down the answers to the following questions in German.

1 Was macht das Wetter heute?
2 Wie war das Wetter gestern?
3 Wie ist es in Ihrem Land im Winter?
4 Wie ist es in Ihrem Land im Sommer?

sich aufhellen to brighten up	
lau mild	
der Nebel fog	
der Altweibersommer 'Indian summer'	

Weather forecast

▶ Here's the weather forecast (**die Vorhersage**) for Germany over Saturday and Sunday. It's taken from a weekend edition of the 'SZ' – that's the *Süddeutsche Zeitung*. Study it carefully, then write down the answers to the questions in English.

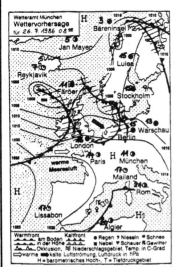

Der SZ-WETTERBERICHT

Wetteramt München
Wettervorhersage
für 26. 7. 1986 08²²

**Vorhersage
für Samstag und Sonntag**

Südbayern

Wechsel zwischen stärkerer Bewölkung und sonnigen Abschnitten, am Sonntag meist sonnig. Höchsttemperaturen um 22, später bei 25, Tiefstwerte um 12 Grad.

Nordbayern

Veränderlich bewölkt, vor allem nach Norden zu einzelne Regenfälle, am Sonntag wolkig mit Aufheiterungen und trocken. Tagestemperaturen um 20, später nahe 25, Tiefstwerte um 13 Grad.

Alpengebiet

Heiter bis wolkig und trocken. Höchsttemperaturen um 22, am Sonntag 26, Tiefstwerte um 10 Grad, Berge meist frei. Temperaturen in 2000 m um 8, später bei 12 Grad.

Rhein-Main-Gebiet

Wechselnd bewölkt, anfangs noch etwas Regen, am Sonntag meist freundlich, trocken. Tagestemperaturen um 22, später bei 25, Tiefstwerte um 14 Grad.

Deutsches Küstengebiet

Wechselnde Bewölkung mit einzelnen Regenfällen. Höchsttemperaturen um 18, Tiefstwerte bei 12 Grad.

Warmfront ▲▲▲ am Boden, Kaltfront ▼▼▼ in der Höhe ▲▲▲ ● Regen ❜ Niesein ✳ Schnee ≡ Nebel ▽ Schauer ⚡ Gewitter Okklusion, ⌿ Niederschlagsgebiet, Temp. in C-Grad ⇨ warme ⇦ kalte Luftströmung, Luftdruck in hPa H = barometrisches Hoch-, T = Tiefdruckgebiet

Wetterlage: Tiefausläufer ziehen über Norddeutschland ostwärts und streifen das südliche Bundesgebiet. Mit ihnen wird wieder wärmere Luft herangeführt.

Glossary	
die Wetterlage	weather conditions
das Tief	low pressure front
ostwärts	eastwards
die Luft	air
der Wechsel	change
die Bewölkung	cloud cover
sonnig	sunny
veränderlich	changeable
bewölkt	cloudy, overcast
einzelne Regenfälle	isolated rainfall
wolkig	cloudy
trocken	dry
heiter	bright
anfangs	at first
freundlich	bright, pleasant

1 Stefan is planning a day's outing in South Bavaria (**Südbayern**). He's hoping for sunny weather. Should he go today or wait till tomorrow? Explain your answer.
2 From which direction is the change in the weather coming?
3 Check the barometer in the photograph – is it tending to high or to low pressure?
4 You're planning a walking weekend in the Rhein-Main area. Do you need a waterproof, sunglasses, or both? Give reasons.
5 If you can arrange transport, you might travel up to the North German coastal region instead. Would the weather there be any different?
6 Is the weather in the Alps likely to get better or worse by the weekend?

Match this!

▶ Can you match the captions to the drawings?

1 2 3 4 5 6

a Schneefälle im Gebirge
b örtliche Gewitter
c veränderlich bewölkt
d bewölkt, einzelne Regenfälle
e heiter bis wolkig
f starker Wind

Finding the right words

Look at the clues below, then see if you can complete (in German) the names of the items they refer to. They can all be bought at the sports shop in the photograph.

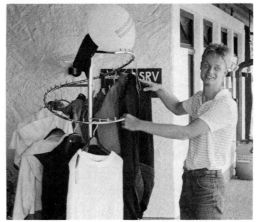

1 Weiß, mit kurzen Ärmeln   Ten-i-h-m-
2 Gut, wenn es windig ist   S-ge-j--k-
3 Braucht man zum Schwimmen   B-d-h--e
4 Braucht man, wenn's kühl wird   P-l-o--r
5 Hält den Kopf warm   Mü-z-
6 Braucht man nicht, wenn es regnet   S--n--br--1-

☎ Boris

Listen to Boris talking about his interest in sport. (No, it's not Boris Becker!) Listen again, rewinding if necessary. Then read the report below. It's not very accurate – can you spot the mistakes?

▶ Rewrite it correctly.

Boris likes listening to music at the disco. Anyway, there's nothing better to do in the evenings at the hostel. He likes sport but only trains in the mornings. He's joined a swimming club where he has plenty of practice. In the holidays he can train twice a day, which really brings results, but normally he only trains four times a week. He's also a member of a youth club. Three years ago he trained as a course leader. This is even more fun, because he looks after a group of children. It's nice for him to be a teacher for a change, and to see the children making progress.

tagsüber in the daytime
der Verein club
die Möglichkeit possibility
steigern to increase
normalerweise normally
der Übungsleiter course leader
der Lehrgang course
der Spaß fun
betreuen to look after
der Fortschritt progress
das Gefühl feeling

40

Look here!

1 What is this notice warning you about?

2 What sport is being advertised here?

3 Is this tournament for men only? What is the first prize?

Am liebsten immer Tischtennis

Mein Lieblingssport ist _____. Seit zwei _____ spiele ich in einem Tischtennis-Verein. Ich habe mit 11 Jahren angefangen zu _____. _____ bin ich schon zwei Jahre in der Jugendmannschaft. Training habe ich jeden _____ und Donnerstag. Die _____ sind meistens donnerstags oder montags gegen 18.00 und 18.30 Uhr. _____ Punktspiele haben wir im Kreis Frankfurt. Tischtennis spiele ich _____, weil es nicht ans _____ gebunden ist und in der _____ gespielt wird.

_____, Volleyballspielen und Musikhören finde ich auch gut. Aber am liebsten würde ich in meiner _____ nur Tischtennis spielen. Das kann ich aber leider nicht, weil wir zu _____ keinen _____ für eine Tischtennisplatte haben. Wir _____ in einem zweistöckigen _____.

Jorg Trächte

Radfahren
Montag
Wetter
Punktspiele
wohnen
Tischtennis
Jahren
Reihenhaus
jetzt
unsere
Platz
spielen
gerne
Hause
Halle
Freizeit

What is Jörg's favourite sport?

Study the article, then copy it out, filling the gaps with words from the list.

Now you!

Ask members of your class the following questions:

1 Was ist dein Lieblingssport?
2 Warum?
3 Spielst du aktiv mit?
4 Wird bei euch zu viel oder zu wenig Sport getrieben?

10　Gesundheit!

At the chemist's

You have a cold, but no temperature, so go to the chemist's. Listen to the tape twice, then:

1　Jot down the chemist's advice. Copy out the notes below and complete them in English (▶ or German).
Pastillen: _____.
Tabletten: _____.
Nicht _____!

2　You've given the chemist a twenty-mark note. How much change should there be?

das Halsweh sore throat	
der Schnupfen cold	
das Fieber temperature	
Nasentropfen nose drops	
Kopfwehtabletten headache tablets	
beides both	

Which one?

Study the signs below, and write down the name of the doctor you'd consult if you had:
a　an allergy
b　stomach pains
c　eye trouble

Finding a doctor

You need to see a doctor. Listen to the directions on the tape. In English, write down how to find the practice, and give the name of the doctor.

in der Nähe nearby	
die Ampel traffic lights	
die Ecke corner	

Dr. med. B. Schönert
Augenärztin
alle Kassen

Dr. med. H. - H. Schoefinius
Hautarzt
Allergologie
Alle Kassen

Dr. med. Klaus Huber
Internist
Röntgendiagnostik
Alle Kassen

Aches and pains

These students are not feeling well.

1 How would you express sympathy? Listen to the tape, and write down the appropriate phrase in German.
2 Listen again, then write down a suitable caption in German for each picture, e.g. **Ich habe Grippe!**
3 What advice might a doctor give to each patient? Choose from the following:

   a Diese Lutschbonbons nehmen!
   b Nichts Kaltes essen!
   c Nicht in der Sonne liegen!
   d Öfter zum Zahnarzt gehen!
   e Heiße Zitrone trinken!

"Du bist dran – er hat schon das Radio lauter gestellt...!"

Eierköpfe

HASTE MAL 'NE KOPFSCHMERZTABLETTE FÜR MICH!??

Eierkopf grüßt seinen Kumpel Al Caselza!!

What's wrong?

Your pen-friend Gerda is not feeling well, and you mention this in a letter. Listen to the tape, then copy and complete the letter extract below.

Gerda is suffering from ____. She feels ____, and has all the classic symptoms: ____. It's not a case of ____, she says. She really ought to be in ____, but the ____ is too nice for that. She's not going to the ____, either!

leider unfortunately
mitten in the middle of
laufen to run
andauernd continually
die Erkältung cold
der Heuschnupfen hay fever

43

Mitmachen! *Fit und aktiv sein!*

Schlankheitsgymnastik

Gymnastik macht schlank und fit. Gymnastik macht auch Spaß, wenn man einmal damit begonnen hat.

Nehmen Sie sich am Morgen oder während des Tages fünf Minuten Zeit. Regelmäßig eine kurze, aber intensive Gymnastik ist wirkungsvoller als einmal in der Woche eine Stunde zu turnen.

Machen Sie Ihre Übungen stets in frischer Luft bei geöffnetem Fenster oder – wenn möglich – im Freien. Denn jede Gymnastik hat nur halben Wert, wenn sie bei geschlossenem Fenster und in verbrauchter Luft ausgeführt wird. Und Bewegung in frischer Luft ist für den Körper dringend nötig!

Tragen Sie dabei ganz leichte Kleidung, die nicht einengt, am besten einen Bade- oder Gymnastikanzug.

schlank slim
der Spaß fun
regelmäßig regularly
wirkungsvoll effective
einmal once
das Turnen gymnastics
die Luft air
im Freien outside
der Wert value
verbraucht stale, used
die Bewegung movement
dringend nötig essential
die Kleidung clothing
einengen to constrict
der Anzug suit, outfit

▶ You've decided you need more exercise and find this advice in a book. Read it carefully, then copy and complete the notes opposite in German for future reference.

Gymnastik   Wie oft?
Wieviel?
Wo?
Warum?
Wie angezogen?

Mitmachen!

▶ Look at the pictures below, then copy out the instructions, filling in the blanks with words chosen from the list.

Hände
Kopf
Bauch
Arme
Rücken
Füße
Beine

Dann trimmt mal schön!

1 Auf den ____ legen, dann beide ____ hochstrecken. Die ____ im Nacken falten. Die ____ kreiseln.
2 Auf den ____ legen. Den ____ und die ____ hochwerfen.

legen to lie down
strecken to stretch
im Nacken behind the neck
kreiseln to circle
werfen to throw

Posters

Write appropriate captions in English for these two posters.

At the doctor's

Listen to the tape, then decide whether the following statements are true or false. Correct any false statements.

1 The patient has a feverish cold.
2 She has a cough, but no other symptoms.
3 The doctor examines the patient and takes her pulse.
4 She gives the patient a box of tablets.
5 These are to be taken three times a day, after meals.
6 If she's no better, the patient should go to the chemist's in three or four days.

Was fehlt Ihnen? What's the matter with you?
das Fieber temperature
der Husten cough
untersuchen to examine
messen to measure
aufschreiben to prescribe
das Rezept prescription

Alternative arrangements

1 You've been invited to spend the Easter holidays with your German pen-friend's family, but you've got 'flu, and suggest your friend might visit you in the summer holidays instead. Rewrite the letter opposite, putting the sentences into the right order, and deciding where to start new paragraphs.

▶ 2 Write a second letter, using your own ideas to replace the phrases in bold type.

> **27. März, 19. .**
>
> Liebe(r) —————,
> Ich laß Euch alle herzlich grüßen!
> Macht nichts — ich habe eine tolle Idee!
> **Seit Montag** habe ich **eine schwere Grippe**.
> Wir könnten hier alles Mögliche machen.
> Leider kann ich Euch jetzt doch nicht besuchen.
> Hoffentlich geht es Dir und den Eltern gut.
> Du besuchst mich **in den Sommerferien!**
> Ich liege die ganze Zeit im Bett.
> Bitte schreibe mir, was Du meinst.
> Oder wir **besichtigen die Altstadt.**
> Dabei hatte ich mich so auf den Besuch gefreut.
> Wir könnten zum Beispiel **in die Schwimmhalle gehen**.
> Herzlichst, Dein(e).

45

11 Schule und Ausbildung

Sixthformers

For a school assignment, you are finding out about the educational scene in Germany: what opportunities there are for young people, their attitudes, and their future prospects. These sixthformers (**Abiturienten**) are from a grammar school (**Gymnasium**) in the Westerwald. Listen to the tape, and answer these questions.

1 Who is their favourite teacher?
2 What makes his subject so fascinating?

▶ Listen again, rewinding if necessary, then copy and complete the notes below.

The sixthformers are in Munich . . . *why*? . . .
They are preparing for the 'Abitur' examination in subjects such as . . . *name two* . . .
Future plans include a career in . . . *what*? . . . or studying at university, which would take . . .*how long*? . . .
. . . *What*? . . . is available, but not all students are eligible.
The school boasts many sports facilities, for instance, . . .*name three* . . . with some specially for girls, such as . . . *name one* . . .
Extra-mural activities are held on a voluntary basis: . . . *who*? . . . join in various sports and cultural activities, such as . . . *name two* . . .

die Studienfahrt school trip
das Abitur *like A levels*
das Fach subject
der Leistungskurs *like an A-level subject*
das Volk people, nation
die Entwicklung development
die Menschheit humanity
sympathisch likeable
der Kaufmann businessman, merchant
das Frühjahr spring
das Lieblingsfach favourite subject
die Lehre apprenticeship
Jura Law
die Beihilfe aid, grant
die Oberstufe seniors
die Arbeitsgemeinschaft club
das Laienspiel amateur dramatics

A physics student

Kai is from Hamburg and is studying physics. Listen to the tape . . .

Now listen again, rewinding if necessary.

1 Write up to four sentences in English, on:
  a why he chose to study this subject.
  b what he hopes to do later.
  c what he says about school and university.
2 Rewrite the notes below, underlining any false statements.
3 Correct the false statements.

Kai wollte Physik studieren, weil das nichts mit Mathematik zu tun hat. Ein Mathematikstudium ist viel trockener. Er weiß genau, was er später werden will: Er möchte in einem großen internationalen Institut in Hamburg arbeiten. Physik war schon immer sein Lieblingsfach.

An der Universität ist es anders als in der Schule: Es wird einem nicht immer gesagt, was man zu tun hat.

die **Physik** physics
die **Mathematik** mathematics
anwenden to use
rechnen to calculate
trocken dry
später later
irgendwo somewhere
das Labor laboratory
berühmt famous
spannend exciting
das Lieblingsfach favourite subject
der Unterschied difference
sich selbst oneself
ständig continually

Two apprentice electricians

Do you know where Germany's industry is situated? What do you think the employment situation there is like? Listen to Karl and Hans, rewinding if necessary, then copy and complete the passage below.

Karl comes from _____, but enjoys being in Munich because it's _____. His own region depends on the _____ industry. Karl is learning this trade because _____. Hans is also an apprentice electrician. You don't need _____ for entry on this course, although it might help to shorten it. However courses normally last _____. Prospects in the trade are _____. Probably only _____ per cent of trainees will find placements afterwards. That's why Hans intends to _____. His working day starts at _____ and ends at _____, except on _____ when he finishes at _____. Then, because he has his own _____, he must _____.

die **Zechensiedlung** mining area
das Kohlebergwerk coalmine, pit
die **Lehre** apprenticeship
der **Beruf** profession
der **Arbeitsmangel** shortage of work
sich aussuchen to select
besonders especially
die **Ausbildung** training
den **Hauptschulabschluß haben** to have completed basic secondary schooling
das Abitur *like A levels*
Zukunftsaussichten future prospects
die **Elektrotechnik** electronics
der **Alltag** daily routine
staubsaugen to vacuum
aufräumen to tidy up

Licht, Kraft und Wärme – die Ruhrkohle garantiert sichere Energie, auch in Zukunft.

DAS RUHRGEBIET.

Ein starkes Stück Deutschland.

A comprehensive school

The German magazine *Jugendscala* focused attention on the **Otto-Hahn-Schule**, a modern comprehensive. Have you heard of Otto Hahn before? Do you know what revolutionary discovery he made?

1 Read the paragraph on the right, then answer the questions below in English (▶ or German).
(Consult the vocabulary list at the back of the book for words you don't know or can't guess.)

Wer war Otto Hahn?
Womit befaßte er sich?
Welche Entdeckung machte er dabei?
Wovon war das der Anfang?
Was bekam er dafür?

2 In the Otto-Hahn-Schule, students can move from one school type to another. What kind of education might students expect in the **Realschule**, for instance? Study the chart opposite, then work out which type of schooling covers each area listed below.

a Basic tuition
b Orientation phase
c General education
d Technical subjects
e Academic subjects

▶ 3 Now read the accompanying text carefully, and decide whether the following statements are true or false. Correct any false statements.
a The orientation phase lasts four years.
b All students receive identical tuition for six years.
c Teachers alone decide which course students follow.
d It is possible to change from one school type to another even at a late stage.
e With good grades, students can proceed from a non-academic stream right through to university.

Otto Hahn
(1879–1968)

. . . war ein berühmter Chemiker aus Frankfurt am Main, der sich mit radioaktiven Stoffen befaßte. 1938 entdeckte er die Kernspaltung: Urankerne spalten sich, wenn man sie mit Neutronen bestrahlt. Es war der Anfang der Atom-Energie-Technik. Dafür bekam er 1945 den Nobelpreis für Chemie.

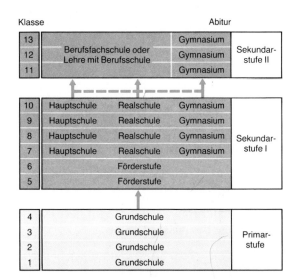

Nach 4 Jahren Grundschule kommen die Schüler in die zweijährige 'Förderstufe' (auch 'Orientierungsstufe' genannt). Hier werden die Schüler in den Hauptfächern (wie Mathematik und Englisch) in A-, B- und C-Kurse eingeteilt. So kann die Schule die 'starken', 'mittleren' und 'schwachen' Schüler unterschiedlich fördern. Lehrer, Schüler und Eltern können sich orientieren, welche Schulart weiterführen soll. Die Pfeile zeigen, wie die Schüler auch spät noch in die nächste Schulform überwechseln können. Bei guten Leistungen können Haupt- und Realschüler noch in die Oberstufe des Gymnasiums übergehen und das Abitur machen, um später auf eine Universität gehen zu können.

School timetable

Copy out the grid below, and then enter your own school timetable. However, you might have difficulty finding exact German equivalents for some of the subjects taught in British schools. For subjects of a general nature (Personal and Social Education/Life Skills) you could put **Poly**. Here are some other rough equivalents.

Economics **Wirtschaftslehre**
Computer Studies **Informatik**
Home Economics **Hauswirtschaft**
Study period **Verfügungsstunde**
Painting/Woodwork/Metalwork/Textiles **Kunst**
R.E. **Religionslehre**[1]

STUNDENPLAN	Montag	Dienstag	Mittwoch	Donnerstag	Freitag
7.50–8.35 Uhr	Chemie	Mathematik	Poly	Französisch	Deutsch
8.40–9.25 Uhr	Chemie	Geschichte	Geschichte	Verfügungsstunde	Biologie
9.30–10.15 Uhr	Geschichte	Biologie	Deutsch	Sport	–
Pause	–	–	–	–	–
10.30–11.15 Uhr	Geschichte	Deutsch	Englisch	Sport	Poly
Pause	–	–	–	–	–
11.25–12.10 Uhr	Mathematik	Deutsch	Mathematik	Englisch	Französisch
12.15–12.55 Uhr	Englisch	Französisch	Musik	Mathematik	Französisch
Mittagspause	–	–	–	–	–
14.30–15.15 Uhr		Deutsch für Ausländer	Kunst	Musik	
15.20–16.00 Uhr					

Now you!

German students might be interested in learning about *your* school! After working through the previous exercises, get into groups of no more than four, and prepare together an item or items suitable for publication in a German school magazine. You might:

a draw up a chart similar to the one on the previous page.
b write a paragraph saying what your school is like, what facilities it has, and what extramural activities there are. (100–150 words in German.)

[1]Students may choose **Ethik** as an alternative to Roman Catholic (**römisch-katholisch**) or Protestant (**evangelisch**) forms of religious instruction.

12 Die lieben Nachbarn

East Berlin

Udo is from Munich. He recently spent a holiday in Berlin, where he visited the Eastern sector. Did he find things there much different from West Berlin? Listen to the tape . . .

Udo is writing to an English friend about East Berlin. However, he is having trouble finding the right English words! Can you help him? Listen again, rewinding if necessary. Study the letter extract below carefully. How many mistakes can you see? Rewrite the passage to say exactly what he means.

restlich rest of
hergerichtet renovated
der Spaß fun
wahrscheinlich probably
das Gehalt earnings
wichtig important
wesentlich considerably
billig cheap
geteilt divided
momentan at the moment
der Staat state
sich nähern to approach one
  another
in Aussicht expected
schätzen to guess
der Meinungsaustausch
  consultation
der Verwandte relative
gefallen to please
die Kuppel cupola
das Kreuz cross
sich spiegeln to reflect
der Stand level

> I found East Berlin much different from the rest of the city. The houses are old and in need of repair, but as far as I could see, people were enjoying life. They earn just as much money as West Berliners. Anyway, everything is much cheaper over there.
>
> Of course I should prefer to see a united Germany, and this does seem likely, as politically there is plenty of consultation. I have few relatives in East Berlin so can't really tell what things are like on a private level.
>
> I enjoyed my visit to East Berlin, and one building in particular caught my eye: a gleaming statue was reflected in the sun, a wonderful sight, almost as high as the Olympia tower in Munich! The GDR will soon be on the same technological level as the rest of Europe.

A foreign student

Listen to Hossein, who is from Iran. (He says **Persien**).
Why did he come to Germany?
Has he had any communication problems?

Listen again, then say whether the following statements are true or false.
▶ Correct any false statements.

der Gastarbeiter guest
  worker
studieren to study
der Augenoptiker optician
der Fahrradverleih cycle
  hire service
sich durchsetzen to stand
  up for oneself

1 Hossein kam als Student nach München.
2 Jetzt arbeitet er als Gastarbeiter.
3 Er möchte gerne Augenoptiker werden.
4 Jeden Tag hilft er bei dem Fahrradverleih.
5 Er hat als Ausländer manchmal Probleme in Deutschland.
6 Aber die Leute versuchen immer, ihn zu verstehen.

50

▶ Advice needed!

Mustafa wrote to the German teenage magazine *Bravo*.
Read his letter and the reply from the *Bravo* advice team.

Wie soll ich mich als Türke verhalten?

Ich bin Türke und seit drei Jahren in Deutschland. Als ich 14 war, sind wir aus der Türkei gekommen, weil mein Vater Arbeit brauchte. Ich fühle mich oft einsam, weil niemand mit mir gehen will. Die Deutschen hören 'Türke', sehen das am Aussehen und gehen. Manche schimpfen auch über uns, weil wir ihnen die Arbeit wegnehmen würden.

Mein Vater ist immer müde, wenn er von der Arbeit kommt und hat keine Zeit für mich. Meine Mutter muß waschen, damit wir noch mehr Geld verdienen. Ich möchte auch arbeiten, aber die nehmen lieber Deutsche. Ich möchte so gern Friseur werden.

Aber das geht ja nicht, weil ich Türke bin. Was soll ich tun? Gestern war ich in einem Lokal, um für uns Essen zu holen, da waren drei junge Männer, die haben gesagt, daß wir Türken uns schleichen sollen.

Ich habe sie gefragt, warum. Sie sagten, wir nehmen ihnen die Arbeit weg und sind faul. Sie haben sich sehr aufgeregt. Ich habe das Wirtshaus schnell verlassen – ohne Essen.

Es dauert immer ziemlich lange, bis ich beim Einkaufen an die Reihe komme, weil Deutsche zuerst bedient werden. Was soll ich denn tun, damit ich Arbeit finde und Freunde bekomme? Und wie soll ich mich verhalten, wenn Leute auf die Türken (mich) schimpfen?

Mustafa, 16, Mainz

Dr. Sommer-Team: Nicht alle lehnen Dich ab!

Es gibt immer wieder Menschen, die einfach Angst vor allem haben, was neu für sie ist.

Du z.B. siehst etwas anders aus, Deine Sprache versteht man nicht, und Du hast vielleicht andere Gewohnheiten. Wer Dich aber wirklich kennenlernen will, muß sich mit Dir beschäftigen.

Natürlich ist es leichter, bei seinen alten Gewohnheiten zu bleiben. Und was ist leichter, als dem Neuen (und damit z. B. Dir) aus dem Weg zu gehen?

Aber nicht alle Menschen sind so. Deshalb versuche immer wieder, Kontakte zu knüpfen, auch wenn Du dabei oft enttäuscht wirst. Geh denen aus dem Weg, die Dich offen ablehnen, und kümmere Dich mehr um solche Jugendliche, die Dir zuhören und Interesse an Dir haben.

Das gilt auch für die Arbeitssuche. Stell Dich persönlich in Friseurgeschäften vor. Geh zum Arbeitsamt. Gib nicht auf, sonst geschieht nämlich gar nichts!

---

sich verhalten to behave
die Türkei Turkey
brauchen to need
einsam lonely
das Aussehen appearance
schimpfen to scold
müde tired
verdienen to earn
das Lokal pub, restaurant
sich schleichen to creep away (*colloquial*)
Angst haben vor to fear
neu new
anders different
aussehen to look
die Sprache language
die Gewohnheit custom, habit
leicht easy
das Neue the new
(etwas) aus dem Weg gehen (+ *dat.*) to avoid
z.B. = zum Beispiel for example
sich kümmern um to have to do with, care for
zuhören to listen to
das Interesse interest
sich umschauen to look round

---

1 a Why did Mustafa's father leave his own country?
  b Why doesn't he talk to Mustafa much?
  c Can the father earn enough for the family?
▶ d Why hasn't Mustafa found work yet?
▶ e What bad experience did he recently have?
▶ 2 a What explanations does *Bravo* offer for some people's behaviour towards foreigners?
  b What is Mustafa advised to do?

Essay

After working through the unit, write down your impressions from what you've heard of Germans and their neighbours. Write 100–120 words in English (▶ or German).

51

13 Typisch! Oder?

Thrifty or tight-fisted?

Marlies and Gerhard are from Stuttgart. People from this area of South Germany – **Schwaben** – have a reputation not unlike that of the Scots! Listen to the tape . . .

Listen again, then in English (▶ or German), write three sentences, summing up what Marlies and Gerhard have to say on the subject.

nachsagen to say about
stimmen to be right
sparsam thrifty
geizig tight-fisted
das Vorurteil prejudice
die Meinung opinion
übertreiben to exaggerate
ausgeben to spend (money)

Stereotypes

You might like to work in Germany later on, improving your German and getting to know people there. What are German attitudes to strangers like, though? Might people in Munich behave any differently from, say, people in Hamburg? Listen to the tape.

You like to make up your own mind about people, but out of interest you jot down the gist of Kai's remarks.

1 Listen again, rewinding if necessary, then note down in English what Kai says about people from:
   a Munich
   b Hamburg
   c the Rhineland
   d Bavaria

hauptsächlich mainly
Kaufleute business people
ruhig quiet
zurückhaltend retiring
gewinnen to win over
kühl cool
fremd strange, offhand
der Neuankömmling
   someone new in the area
sich verhalten to behave
gesellig sociable
schwierig difficult
per du informal approach
gucken to look
eine ordentliche Maß Bier
   'a tidy pint'

▶ 2 Listen once more, then rewrite the following sentences to make sense.

   — Leute sind Hamburger ruhige die.
   — Auf tragen Bayern viele Lederhose Lande dem.
   — Hamburger gute können werden Freunde.
   — Größer Hamburg als ist München etwas.
   — Rheinländer ähnlich Bayern wie sind.
   — Sein schwierig kann Neuankömmlinge dort es für.
   — Städte sind beiden verschieden die sehr.
   — Gesellig Rheinländer Beispiel sind zum.
   — Selten Fremde man Hamburg sieht in.
   — Urlaubsort beliebter München ein ist.

▶ 3 Rewrite the sentences in the proper sequence, linking them up with **und** or **aber** as appropriate.

A visitor's impressions

Sun Ying has been studying in Brilon, Germany. She gave the magazine *Scala* some of her impressions of Germany. Read the passage and answer the questions which follow.

Sun Ying (Volksrepublik China): Mir fällt auf, daß die älteren Leute in Deutschland sich sehr gut anziehen, besonders die Kleidung der älteren Damen ist sauber und farbenfroh. Bei den Jugendlichen – vor allem bei den Schülern und Studenten – ist das ganz anders. Die meisten tragen Jeans. Bei uns ist es umgekehrt. Die jungen Leute ziehen sich gerne schön an, die alten aber tragen einfache Kleidung.

Inzwischen habe ich viele deutsche Freunde kennengelernt. Aber viele von ihnen sind unverheiratet oder sind schon geschieden. Auch das kommt mir sehr fremd vor. Gibt es in Deutschland keine richtige Familie mehr? Doch! In Brilon habe ich die Familie Zoellner kennengelernt – eine richtige deutsche Familie mit fünf Personen:

Vater, Mutter und drei Kinder und natürlich ein Hund!

Es gibt sehr viele Hunde hier! Viele Leute aus allen Altersgruppen haben einen Hund. Manche Hunde sind sehr häßlich. Außerdem machen sie die Straßen schmutzig. Man muß beim Gehen richtig aufpassen. Die Hunde sollen ein Ersatzpartner für alleinstehende Menschen sein, so habe ich gelesen. Aber wie kann ein Hund einen Partner ersetzen? Das verstehe ich nicht.

Besonders interessant war für mich die Stellung der Eltern in der Familie. Sie besitzen nicht dieselbe Autorität wie bei uns. Die Eltern sind fast wie gute Freunde, und die Kinder sagen frei ihre Meinung und können dabei sogar den Eltern widersprechen.

Das finde ich gut. Das gibt es bei uns zu Hause nicht!

Sehr seltsam finde ich aber die vielen Anzeigen im Fernsehen, in den Zeitungen und Zeitschriften und sogar auf dem Sportplatz! Wer kann so viel kaufen? Man braucht Anzeigen, das ist richtig. Man muß ja die Ware kennen, bevor man sie kauft. Aber hier ist es zuviel. Es ist eine große Verschwendung, daß man so viel Papier für Anzeigen verbraucht.

Übrigens: Das Lieblingsgetränk der Deutschen ist nicht Bier, sondern Kaffee. Man trinkt auch viel Milch und Tee – wie bei uns!

1 What does Sun Ying say about
  a clothes
  b society
  c pets
  d parents
  e advertisements
  f drinks?

Write up to six sentences in English (▶ or German).

▶ 2 In German, write up to six sentences on what Sun Ying might say about your own country.

mir fällt auf I notice
sich anziehen to dress
farbenfroh colourful
umgekehrt the opposite
inzwischen meanwhile
kennenlernen to get to know
unverheiratet unmarried
geschieden divorced
der Ersatz replacement
die Stellung position
widersprechen to contradict
seltsam strange
die Anzeige advertisement
die Verschwendung waste

53

Typically German?

What, if anything, is typically German?

▶ Read some of art teacher Bärbel Stahr's comments. (You'll need to refer to the vocabulary!)

Was ist echt Deutsch?

Eigentlich ist alles, was echt deutsch zu sein scheint, positiv wie negativ zu verstehen, zum Beispiel:

Der Deutsche ißt und trinkt gern mit Freunden, lädt gern ein, macht gern Ausflüge, trinkt viel Wein und Bier, und damit gibt es sehr viele übergewichtige Deutsche.

Die Deutschen sind tüchtig, gründlich, pflichtbewußt und arbeiten viel. Aber auf der anderen Seite war gerade das für eine Diktatur wie eine tödliche Waffe.

Der Deutsche ist gern fröhlich, freundlich und hilfsbereit. Auf großen Volks und Weinfesten wird diese Fröhlichkeit zum Lärm und damit nicht angenehm.

Der Deutsche sagt inzwischen wieder seine Meinung, auch wenn sie nicht paßt. Die neueren Generationen sind kritikfähiger erzogen worden . . .

Die Sicherheit ist den Deutschen sehr wichtig geworden. Das Land hatte lange Zeit zu wenig davon! . . .

Die Deutschen lieben ihre Dichter, ihre Sprache. Auch für die Kunst wird viel getan.

eigentlich	actually
echt	real, authentic
scheinen	to appear
einladen	to invite
übergewichtig	overweight
tüchtig	capable
gründlich	thorough
pflichtbewußt	dutiful
tödliche Waffe	deadly weapon
fröhlich	cheerful
hilfsbereit	helpful
der Lärm	noise
angenehm	pleasant
die Meinung	opinion
passen	to suit
kritikfähig	capable of criticism
die Sicherheit	security
der Dichter	poet
die Kunst	art

What does Bärbel say might be characteristic of her fellow countrymen, with regard to:

a food and drink   **c** society and political awareness
b work   **d** language and culture?

Write up to six sentences in English.

▶ **The right to reply!**

1 Eva, a secretary working in England, felt that many of the characteristics outlined above were typical of people in other countries too, including Britain. Which do you think these are? List them in English.
2 From what Eva says (below), on which point does she disagree most strongly with Bärbel?

> Warum sind Tüchtigkeit, Gründlichkeit und arbeitsames Verhalten eine 'tödliche Waffe' für eine Diktatur?

A difficult question!

Listen to two people giving their views . . .

Listen again, then say whether the following statements are true or false according to the speakers. Correct any false statements.

1 Germans value home and family.
2 Work is not so important to them.
3 They enjoy hobbies and leisure activities.
4 In the aftermath of National Socialism Germans became apathetic and defeatist.
5 Otherwise their attitudes basically remained the same.
6 Germans can recover very quickly from major setbacks.
7 However they are not particularly ambitious as a rule.

2 Write a letter to Bärbel or Eva in English (▶ or German), saying what you find characteristic of people from your own country in respect of all or some of the following:

a food and drink
b work
c society
d political awareness
e language and culture.

Try to examine the positive and negative aspects of each characteristic. (Maximum 150 words.) If you write in German, you may wish to use the plan below. The following examples might help you with your own ideas. Use a pocket dictionary, if necessary!

tolerant/indifferent   tolerant/gleichgültig
tactful/dishonest   taktvoll/unehrlich
honest/tactless   ehrlich/taktlos
carefree/careless   sorglos/schlampig
easygoing/lazy   gutmütig/faul

sich vorstellen to imagine
das Heim home
wichtig important
das Vergnügen pleasure
der Nationalsozialismus National Socialism
die Möglichkeit possibility
sich entdecken to discover
der Anfang beginning
aufbauen to build up
ehrgeizig ambitious

Typisch englisch?

Liebe _____,
Ihre Worte zu dem Thema: 'Was ist echt deutsch?' fand ich sehr interessant. Ich möchte jetzt versuchen, die Frage: 'Was ist echt britisch?' zu beantworten:
    Die Briten . . . .

Mit freundlichen Grüßen
Ihre(r) _____.

14   So geht's nicht!

ATOMKATASTROPHE

Die Grünen — **Bund Naturſchutz** — **SPD**

fordern:

Der Ausstieg aus der Kernenergie soll in Bayern sofort beginnen

Bedingungsloses Festhalten als gemeingefährlich bezeichnet

Die Wolke traf Bayern voll

An Wackersdorfer Atomfabrik wird voll weitergearbeitet!

Betreibergesellschaft sieht keinen Anlaß für Änderung ihrer Pläne

ATOMKRAFT IST TODSICHER †

Strahlengefahr droht noch auf lange Zeit

1) Wir haben kein Sinnesorgan zur Wahrnehmung der gefährlich radioaktiven Strahlen

2) Durch die lange Halbwertszeit verschiedener Isotope (z.T. Jahrmillionen), die sich bei der Kernspaltung bilden, entsteht für die Menschheit ein zeitlich unbegrenztes Risiko

3. Überproportionale Schädigung im Bereich niedriger Strahlendosen

Anti-nuclear demonstrations

There was considerable protest against dumping nuclear waste (**Atommüll**) at Gorleben and a proposed nuclear reprocessing plant (**Wiederaufbereitungsanlage**) at Wackersdorf. Listen to the tape; you'll hear three people comment on demonstrations.

A policeman's viewpoint

Manfred is a policeman. How does he react when demonstrations are mentioned? Listen to the tape . . .

Listen again, and then say whether the following statements are true or false. Correct the false statements.

1 Manfred has been present at many demonstrations.
2 For instance he spent two weeks at Wackersdorf.
3 His manner becomes less formal when talking about demonstrations.
4 He feels the right to freedom of speech is fundamental to the idea of democracy.
5 But he says only extremists attend demonstrations.
6 Demonstrators come from as far away as America.

anspielen to hint at
plötzlich suddenly
schwierig difficult
das Thema subject
allgemein gesagt generally speaking
gewiß certain
die Meinung vertreten to express one's opinion
deswegen that's why
schlecht bad
die Randgruppe group of outsiders
zum Anlaß nehmen to use as an excuse
losbringen to get rid of
Krawall trouble, rioting
büßen to suffer for
der Typ guy, character
überall everywhere
festnehmen to arrest

Anti-Atom-Partnerschaft Schwandorf – Salzburg

Am Sonntag, 27. Juli 1986, 10.00 Uhr,
auf dem Alten Markt

Unterzeichnung der „Anti-Atom-Partnerschaft"
zwischen dem Landkreis Schwandorf und
der Landeshauptstadt Salzburg

Programmablauf:

10.00 Uhr: Konzert der Magistratsmusik und der
Musikkapelle Schwandorf

11.00 Uhr: Begrüßung

Ansprachen:
– Vertreter der Initiativen gegen die
Wiederaufbereitungsanlage
aus Schwandorf und Salzburg
– Landrat Hans Schuierer, Schwandorf
– Bürgermeister Dipl.-Ing. Josef Reschen

Unterzeichnung der Partnerschaftsurkunden

12.00 Uhr: Musikalischer Abschluß

SALZBURGERINNEN UND SALZBURGER!
Zeigt durch Eure Teilnahme an dieser Veranstaltung,
daß Euch die Zukunft Eurer Stadt am Herzen liegt.

Bei Schlechtwetter findet die Unterzeichnung der „Anti-Atom-Partnerschaft"
im Rathaus (Gemeinderatssitzungssaal) statt.

A member of the public

Uschi works in a cinema. Her free time is usually taken up with running a film club, but she managed to attend one of the demonstrations at Wackersdorf. Listen to the tape . . .

Uschi could make her observations known to a wider public. Listen again, rewinding if necessary, then help her compose an article for an English newspaper. Say what, according to her, happened at Wackersdorf. Add her comments on the matter.

erst vor kurzem only a little while ago
Pfingsten Whitsun
die Atomanlage atomic energy plant
schwere Ausschreitungen serious misdemeanours
die Polizei police
die Bevölkerung populace
sich prügeln to fight
das Tränengas tear gas
der Bürgerkrieg civil war
Gewaltmaßnahmen violent measures
Forderungen Nachdruck verleihen to reinforce arguments
die Meinung opinion
friedlich peaceful

From a distance

Werner is a writer. Does he attend any demonstrations? Listen to the tape . . .

Listen again, then in English write down two reasons he gives for his standpoint.

die Rakete rocket
der Auflauf crowd
der Zuschauer onlooker
sich engagieren to take active part in
die Betroffenheit perplexity
die Berechtigung justification

▶ Thinking about tomorrow

Everyone can play a part in caring for the environment. Here are some suggestions from German celebrities. Read the texts through carefully, then write down in English one suggestion from each celebrity.

Schlagersänger Tony Marshall

Alles für die Umwelt tun!

Wer wie ich auf dem Lande im Schwarzwald lebt, der möchte einfach die Natur und die Schönheit der Landschaft erhalten. Jeder kann sein Bestes geben, um unserer Umwelt zu helfen. Man muß es nur wollen. Wer aber mit dem Kofferradio unter dem Arm durch den Wald spaziert, soll nach Hause gehen. Er erschreckt nur die Tiere. Wer irgendwo in der freien Natur ein Picknick macht, sollte den Abfall nicht liegenlassen, sondern einpacken und mitnehmen. Wer morgens sein Auto minutenlang warmlaufen läßt, bevor er losfährt, ist für mich ein Umweltsünder. Wir müssen alle was tun, bevor es zu spät ist.

der Schlagersänger pop singer
die Umwelt environment
die Landschaft landscape
erhalten to preserve
das Kofferradio transistor radio
erschrecken to frighten
der Abfall rubbish
losfahren to drive off
der Sünder sinner

anfangen to begin
eigen own
die Tüte bag
wichtig important
sauber clean
werfen to throw

Schlagerstar Roberto Blanco
Auch auf Kleinigkeiten achten!

Ich lasse das Gras in meinem Garten wild wachsen. Die vielen Blumen und Tiere, Vögel und Käfer haben also ein Zuhause.
   Aktiver Umweltschutz beginnt bei den kleinsten Dingen. Zum Beispiel, den Nachbarn darf man nicht durch überlautes Radio, Türschlagen in der Nacht oder minutenlanges Laufenlassen des Auto-Motors stören! Wenn jeder denken würde, was er persönlich machen könnte, dann wären wir schon ein ganzes Stück weiter!

Fernsehstar Gaby Dohm

Bei den Kindern anfangen!

Ich persönlich nehme immer meinen eigenen Einkaufskorb mit in den Supermarkt. So habe ich zu Hause keine Probleme mit den Plastiktüten. Ich halte es für sehr wichtig, unsere Kinder zu erziehen, die Welt, in der wir leben, schön und sauber zu halten: nichts auf die Straße werfen, zum Beispiel.

achten auf + *acc.* to pay attention to
der Schutz protection
Türschlagen door banging
stören to disturb
ein ganzes Stück weiter a whole
   lot further

▶ **Now you!**

Make others more aware of the need to protect and improve the environment! Read through the texts again, then give a short talk in German. Here are your notes, but add any comments/ideas of your own.

Jeder kann etwas für die Umwelt tun. Zum Beispiel:
— Keinen Lärm im Wald machen
— Picknickabfall einpacken und mitnehmen
— Autos nicht zu lange warmlaufen lassen
— Die eigene Einkaufstasche immer mitnehmen
— Kinder umweltfreundlich erziehen
— Keinen Abfall auf die Straße werfen
— Nur gesunde Lebensmittel kaufen
— Im Garten Platz für Feldblumen lassen
— Zu Hause weniger Krach machen

Can you think of another apt slogan in German?

Never too young?

Children in Brühl were encouraged to look critically at aspects of their locality and make positive suggestions for improvements.

1 List in English six areas to which their attention was drawn.
2 With one or more partners, work out answers to these questions regarding your own surroundings. Write down your answers in German.
a Was gefällt Ihnen?
b Was muß für Sie anders sein?
c Was gefällt Ihnen nicht?
d Und wie soll es sein?

3 In German, discuss your answers with other members of your class. You may find the expressions on the right helpful.

▶ **Essay**

After working through the previous exercises, describe some of the problems facing our environment, and suggest some practical steps towards combatting these. Write 100–120 words in German.

meiner Meinung nach in my opinion
das stimmt (nicht!) that's (not) right!
das finde ich auch I agree
das glaube ich nicht I don't think so
gute Idee! good idea!
nicht schlecht not bad
wir sollten we should

15 Arbeit und Alltag

▌ Community service

Military service is no longer obligatory in Germany. Young men can choose to serve the community as civilians instead. Johannes is lucky – he works at *haus international*, a youth guest house in Munich. Listen to the tape . . .

Listen again, rewinding if necessary, then write five sentences in English (▶ or German), summing up what Johannes says about:
a the work he does
b how to obtain the community service option
c what the advantages are for him
d his hobbies
e his future plans

der Zivildienstleistende
  civilian serviceman
das Getränk drink
die Möglichkeit possibility
das Gesetz law
die Bundeswehr armed
  forces
aussuchen to choose
die Begründung explanation
anerkennen recognize
der Spaß fun

▶ Conscription? For whom?

Journal für die Frau, a German women's magazine, interviewed Uta Ranke-Heinemann, peace campaigner, daughter of former Federal president Gustav Heinemann, and professor of theology at the university of Essen. See what you think of her views on military service.

Nur Frauen in die Bundeswehr?

„. . . Frauen sind friedliebender als Männer, . . . weniger kriegerisch. Darum nicht sagen: *Frauen in die Bundeswehr*, sondern: *Frauen statt Männer in die Bundeswehr, ins Verteidigungsministerium und in alle Armeen der Welt!* Die Männer sollten stattdessen in die Küche."

friedliebend peace-loving
kriegerisch warlike
das Verteidigungs-
  ministerium Ministry of
  Defence
statt dessen instead

1 What point is Frau Ranke-Heinemann making?
2 What do you think about the German system of conscripted military/community service for young men?
3 Should young women be included in such schemes – if so, in what capacity?

Mein Alltag

Kirsten tanzt Jazz, kocht gerne und spielt mit ihren Eltern und ihrem Bruder Rommée (ein beliebtes Kartenspiel). Die Maders wohnen in einem Reihenhaus.

Kirsten Mader

Nach der Schule gehe ich meistens arbeiten. In dem gleichen Laden wie meine Mutter. Ich verkaufe Kuchen und Plätzchen. Die Arbeit macht mir nicht besonders viel Spaß. Aber wenn ich dann an das Geld denke, geht's gleich besser. Das Geld geb' ich meistens für tolle Klamotten aus. Sonst verbringe ich die Zeit oft mit meiner Clique. Da trinken wir dann Tee, was immer recht lustig ist. In der Woche bin ich meist so bis um 22 Uhr weg. Am Wochenende bis 24 Uhr oder länger.
An drei Tagen in der Woche gehe ich noch zur Jazzgymnastik. Das dauert etwa zwei Stunden und ist eine Art klassisches Ballett, aber mit viel Bewegung, also modernes Tanzen. Wir proben zur Zeit für eine Aufführung und üben Tänze aus dem Musical 'All That Jazz'. Das macht riesigen Spaß.
In der Schule ist es immer recht lustig. In der Klasse verstehen wir uns untereinander ganz prima. Wir halten immer besser zusammen. Aber es gibt immer noch einige Leute, die sich nicht so gut verstehen und ewig streiten. Schlimm ist vor allem der Konkurrenzkampf unter den Mädchen. Da leidet manchmal schon das Klima drunter. Die meisten Lehrer sind in Ordnung. Die Lehrer unserer Klasse dürfen wir duzen. Einige mag ich nicht so sehr. Denen geh' ich aus dem Weg oder ärgere sie. Das ist natürlich nicht so gut für mich. Aber wenn es Streit gibt, versuchen wir doch lieber, mit dem Lehrer darüber zu reden.
Morgens bringt mich mein Vater mit dem Auto zur Schule. Er ist Elektrikingenieur im Außendienst bei einer großen Computerfirma. Er spricht mit den Kunden und versucht möglichst viele Computer zu verkaufen.

Mein Beruf

Ich will Stewardeß werden. Bei diesem Beruf kommt man viel mit anderen Leuten zusammen. Man hat viel Abwechslung und macht viele Reisen. Also, man kommt viel in der Welt rum. Das macht mir bestimmt Spaß.

Kerstin spoke to the German magazine *Jugendscala* about the work she does, school, leisure, and future plans. Read the article carefully, then:

a Decide whether the statements below are true or false.

▶ **b** Correct any false statements.

1 In the holidays Kerstin works in a cake shop.
2 She enjoys the work, and saves the money.
3 She spends her evenings with friends.
4 Three days a week she goes folk dancing.
5 School is fun and her classmates are friendly.
6 The atmosphere is sometimes spoiled by arguments.
7 Teachers usually help when problems arise.
8 Kerstin's father takes her to the bus stop every morning.
9 He is a computer maintenance engineer.
10 Kerstin wants to become an air hostess.

das Plätzchen cookie
die Klamotten clothes (*colloquial*)
die Clique pals
dauern to last
die Bewegung movement
das Tanzen dancing
die Aufführung performance
zusammenhalten to stick
  together
sich streiten to quarrel
schlimm bad
der Konkurrenzkampf
  competition
leiden to suffer
das Klima the atmosphere
duzen to address informally
ärgern to annoy
der Außendienst sales
die Abwechslung variety

Routine questions . . .

Jens is a bank clerk describing a typical day. Listen to the tape, rewinding if necessary. Then, in German:

1 Write down what Jens might reply to the questions below:
  a Wann stehst du immer auf?
  b Was machst du dann?
  c Wie fährst du von zu Hause weg?
  d Welche Pausen habt ihr immer?
  e Wann fährst du wieder heim?
► f Was machst du dann abends?
2 Answer the questions on your own behalf.
► 3 Write to a pen-friend, describing your own daily routine, school, etc. Use the outline opposite, if you wish, and write 100–120 words in German.

Working abroad

1 Brigitte likes working in different countries. At the moment she is employed at the *haus international* in Munich, where she lives with her sister. Listen to the tape, and answer the questions in English.
  a Why did she come back to Germany?
  b Does she enjoy her work?
► c What did she not want to do?
2 Have *you* thought of working abroad later on? Listen to Brigitte talking about her work again, rewinding if necessary, and answer the questions in English.
  a Would it be easy for you to take up work in America?
► b What formal qualifications might you need if you wanted to work in a German youth guest house?
► c What might attract you to such a workplace?
► d What might your tasks be?
3 Brigitte is writing to a friend in America. Help her with the letter. Listen to the last part of the tape and copy out the lines below, filling in the gaps.

I live ____, it's quite close to the hostel, only ____ minutes away, and I come to work ____. I share a ____ with my sister. I haven't much furniture yet, just ____. My sister and I are quite ____. For instance she is much ____ than me and has a much different ____. She prefers living in ____, while I like ____.

---

die Waschprozedur wash procedure
die Arbeitszeit working hours
die Pause break
der Schlips tie
locker light, free and easy
die Klamotten clothes, gear
je nach . . . according to/ depending on . . .
die Verabredung date, appointment

Liebe(r) ____,
wie sieht Dein Alltag aus?
Bei mir ist es so: . . . .
. . . .
Schreib mir auch, wie es Dir geht und was Du so machst.
Es grüßt Dich herzlich,
Dein(e) ____.

die Arbeitsgenehmigung work permit
die Ausbildung training
die Fachschule college
nötig necessary
die Kollegin colleague
das Hotelfach hotel trade
der Dolmetscher interpreter
karg empty, bare
die Filialleiterin branch manager

A long day

Your pen-friend's sister Gerda is a secretary with a wholesale firm in Munich. There's a chance of a holiday job with them, and Gerda has offered you accommodation. Listen to the tape, then answer the questions.

1 What time would you have to get up in the morning?
2 How long would it take you to get to work?
3 What might there be to do in the evenings after work?
4 Would Gerda have enough room for your pen-friend to visit too?
5 You're allergic to cats. Do they have any pets?

der Großhandelskaufmann wholesale businessman
die Baustoffe building materials
die Fahrerei travelling
unterwegs underway
normalerweise normally

A holiday job

STUDENTEN/STUDENTINNEN

für leichte Bürotätigkeit
suchen wir
zu jedem Termin
Schriftliche Bewerbungen unter:
ZS3347257

STUDENTEN/SCHÜLER

Wir können Ihnen gut bezahlte
Ferienjobs in unserem Lager
bieten
Bewerbungen bitte unter:
ZS3215776

Versandhaus sucht für leichte Büroarbeit

STUDENTEN/STUDENTINNEN

Bewerben Sie sich bitte kurz
unter ZS3012796 an SZ

Study the adverts above, then write a letter applying for a holiday job. We've given you a sample letter, but some words are missing.

1 Rewrite the letter, filling in the gaps with words chosen from the list in the box.

2 Write a second letter, substituting your own details in place of the phrases in bold type.

Betr. Ref.
sich freuen to be pleased
sich bewerben to apply for
sich einsetzen to apply oneself (*to a task*)

Fa. Baumann,   **9. Mai, 19 . .**
Seestr. 12–14

8221 Seebruck

Betr.: Ferienarbeit

Sehr geehrte Damen und Herren!

Hiermit möchte ich mich um eine _____ bei Ihnen
bewerben. Ich bin **sechzehn** Jahre alt und _____
noch die **Gesamtschule** in **Preston**. Im _____ **dieses
Jahres** _____ ich die **GCSE Prüfung**. _____
würde mich freuen, bei Ihrer _____ zu arbeiten, und
_____ mich dabei voll einsetzen.

Ich hoffe, bald von Ihnen zu _____.

Mit freundlichen Grüßen, _____

bin
würde
mache
hören
besuche
Ferienarbeit
ich
Firma
Juni

63

16 Freizeit und Fernsehen

▯ Television

1. PROGRAMM

19.10 Weltspiegel. Auslandskorrespondenten berichten

19.50 Sportschau-Telegramm

19.57 Heute im Ersten

20.00 Tagesschau

20.15 Kein Problem, Herr Kommissar! Kriminalkomödie von Jack Popplewell. Aufzeichnung einer Aufführung aus der Komödie Frankfurt mit Lia Wöhr

21.45 Hundert Meisterwerke. Georg Grosz: Ohne Titel. Gesehen von Werner Schmalenbach

21.55 Tagesschau

22.00 ARD-Sport extra. Fußball-Benefizspiel FIFA/UNICEF Amerika – „Rest der Welt". Übertragung aus dem Rose-Bowl-Stadion in Pasadena. In der Halbzeitpause **22.45–23.00** Fecht-Weltmeisterschaften. Finale Florett Damen – Einzelwertung. Ausschnitte vom selben Abend aus Sofia

23.45 Franz Liszt – Liedkomponist. Freunde und Zeitgenossen. Mit Bernd Weikl, Bariton; Cord Garden, Klavier; Martin Haselboeck,

0.55 Tagesschau (VPS 0.15)

1.00 Nachtgedanken. Späte Einsichten mit Hans Joachim Kulenkampff

2. PROGRAMM

18.20 Solid Gold. Top-Hits der amerikanischen Rock-und-Pop-Szene

18.56 ZDF – Ihr Programm mit Vorstellung der Wunschfilme

19.00 Heute

19.30 Georg Thomallas Geschichten. Geschrieben von Herbert Reinecker 3. Ein bißchen Halleluja mit Georg Thomalla, Monika Baumgartner, Ernst Schröder u.a. – Regie: Alfred Vohrer.

20.15 Sommerfestival im ZDF – Wunschfilm der Woche Küß mich, Dummkopf. Amerikanischer Spielfilm (1964) oder Herrscher der Insel. Amerikanischer Spielfilm (1970) oder Venedig sehen – und erben . . . Amerikanischer Spielfilm (1965/1967)

22.15 Heute

22.20 Das aktuelle Sport-studio anschließend Gewinnzahlen vom Wochenende

23.35 Montreux Rock Festival 1986 (Stereoton)

1.35 Heute

3. PROGRAMM

19.00 Heute

19.10 Bonner Perspektiven. Reisediplomatie: Der Bundesaußenminister in Moskau und Washington/Umzug: Der Bundestag im neuen Plenarsaal/Interview mit Lukas Beckmann, Die Grünen. Moderation: Joachim Jauer

19.30 Die Welt, in der wir wohnen. Preiswert bauen, anders leben – Wohnkultur in genossenschaftlicher Selbsthilfe. Film von Jürgen Schneider.

20.15 James Clavell. Shogun. Fernsehfilm in sieben Teilen nach dem gleichnamigen Roman. 5. Teil. Mit Richard Chamberlain, Toshiro Mifune u.a. Regie: Jerry London

21.15 Heute – Sport am Sonntag

21.30 Der schöne Schein. Olympia '36. Film von Guido Knopp und P.C. Schmidt (siehe Ankündigung)

22.30 Die Schwimmerin. Australischer Spielfilm/1978. Mit Bronwyn Mackay-Payne, Tom Richards u.a. Regie: Ken Hannam. Deutsche Erstaufführung

0.15 Brief aus der Provinz. Unterwössen – Grüße aus dem Chiemgau

0.20 Heute

---

1 Study the television programmes above, then write down those you might select for an evening's viewing.

2 Write down those which best match the descriptions below:

  a 'Today'   ▶   **c** 'German politics'

  b 'Late night thoughts'   ▶   **d** 'The way you live'

3 Listen to the tape, then write down the programmes which might interest:

  a Marlies   **b** Gerhard   **c** Bernd

die Ausstellung exhibition
die Nachrichten news
die Pflanzenwelt the world of plants
die Forschung research
die Technik technology

Leisure pursuits

Erna and Manfred

Erna's new friend is called Manfred. What do they have in common, and why is he so interested in sport? Listen to the first part of the tape . . .

Now look at the passage below. It's part of a letter Erna is writing to an English friend. Help her finish it. Listen to the tape again, then copy out and complete the letter extract, filling the gaps as appropriate.

I've been living here for _____. There's lots to do in Munich, e.g. _____. At weekends I _____ or _____. Manfred also _____ and _____. He's interested in sport because _____.

sich treffen to meet
fortgehen to go out
der Beruf profession
der Richtige right one

Survey

How do people spend their leisure time? Copy out the survey sheet below, adding boxes for yourself and friends. (NB German spelling: **Hobbys**) Then:

Jens

1 What kind of music does Jens like? What other interests does he have?
   Find out by listening to the second part of the tape.

▶ 2 Listen again, then write down in German his probable replies to the questions below.
   a Welche Musik magst du?
   b Gehst du abends oft ins Kino?
   c Sammelst du irgend etwas?
   d Treibst du viel Sport?

▶ 3 In German, write down your own replies to these questions.

ungewöhnlich unusual
das Alter age
die Jugend youth
beschäftigt busy
unternehmen to undertake

1 Listen again to the relevant sections of the tape, rewinding if necessary, and tick the appropriate boxes.
2 Fill in information on your own behalf.
3 Ask your friends about their interests.

	HOBBYS										
Namen	**Sammeln**	**Tanzen**	**Sport**	**Kino**	**Disko**	**Lesen**	**Musik**	**Kunst**	**Theater**	**Wandern**	
Marlies											
Gerhard											
Bernd											
Erna											
Manfred											
Jens											
. . .											
	FERNSEHEN										
Namen	**Sportschau**	**Nachrichten**	**Spiel-filme**	**Natur-sendungen**	**Serien**	**Dokumentar-filme**	**Musik**	**Kunst**			
Marlies											

65

Kunst am Himmel

Das alte Hobby kam vor ein paar Jahren als neuer Sport aus den USA: 'kiting' – die Kunst, einen Drachen am Himmel zu bewegen. 1982 eröffnete Thomas Kibelksties in Bremen den ersten Drachenladen Deutschlands.

Zum Drachen-steigenlassen genügte früher ein kleines Viereck aus Papier und Holz. Zum 'kiting' braucht man heute einen eleganten, leichten Drachen, den man gut steuern kann. Denn die modernen Drachen stehen nicht einfach still am Himmel. Sie können Kurven fliegen und Figuren in die Luft zeichnen. Manche Drachen sind besonders schön und phantasievoll. 'Sky-Art' nennt man das – Kunst am Himmel.

In Greetsiel (Ostfriesland) an der Nordseeküste trafen wir bei einem 'kiting'-Wettbewerb den 16-jährigen Nils. Er kommt aus Bremen und baut seit drei Jahren in seiner Kellerwerkstatt Drachen. Sein erster 'kite' war ein Viereck aus Plastik. Es gefiel Nils nicht besonders gut. So ging er zu Thomas Kibelksties in den Drachenladen und machte bei ihm eine ganz private Lehre. Er lernte alles, was man beim Drachenbau wissen muß – und wie man mit einer Nähmaschine arbeitet, denn Drachen sind heute meist aus Nylon und werden genäht.

Bis heute hat Nils schon 60 Drachen gebaut. Am Anfang stürzten einige vom Himmel und gingen zu Bruch. Aber heute ist Nils ein Experte für Material und Konstruktion. Für das Skelett nimmt er Holz oder Glasfiber (Kunststoff). Den Rahmen bespannt er dann mit Spinnaker-Nylon. Das ist ein besonders leichter Stoff für die großen, bunten Spinnaker von Segelschiffen. Das Material ist ziemlich teuer. Aber Nils kauft es bei Thomas. Und Thomas verkauft dann die Drachen von Nils in seinem Laden.

Read the article carefully, then copy out and complete the following notes in English.

The art of flying a kite was revived in _____ and came to Germany when _____. Early kites were _____, but today they are beautiful, _____ constructions, easy to fly and _____. They can _____.

Nils from Bremen has been building kites in his cellar for _____. To perfect the art, he went to _____. To date he has constructed _____ kites, although some of his early efforts _____. Nowadays he uses _____ for the frame, which he covers with nylon sail, bought from _____, who later _____.

der Drachen kite, dragon
steuern steer, guide
phantasievoll imaginative
der Wettbewerb competition
die Werkstatt workshop
das Viereck square
der Bau construction
die Nähmaschine sewing machine
stürzen to crash down
zu Bruch gehen to break up
der Rahmen frame
Spinnaker-Nylon nylon sail cloth

Fernsehen: Muß das sein?

Für mich, schon!

A scoop for your school magazine – you talk to a German television producer! Listen to the tape . . .

1 Listen again, rewinding if necessary, then note down in English as much as you can concerning:
   a what Stefan's work entails
▶ b what he considers the main task of television to be
2 The notes on the right are incomplete. Listen again, then rewrite the sentences, filling the gaps with words from the box:

gucken to look, watch
die Sendung programme
die Unterhaltung entertainment
das Thema topic
leisten to achieve

Information, vierzehn, hinzufahren, Welt, Regieassistent, leisten, gucken, Hause, Fernsehen.

Stefan arbeitet beim _____. Früher war er _____. Er muß viel _____, manchmal sogar _____ Stunden pro Tag. Das Fernsehen bringt _____ aus der ganzen _____. Man kann zu _____ gleich alles sehen, ohne _____. So was kann nur das Fernsehen _____!

► **Nicht unbedingt erforderlich!**

Jens is not as enthusiastic about television as Stefan might like! Listen to the tape . . . Listen again, rewinding if you need to, then copy and complete the following notes.

Jens hat nicht viel _____ zum Fernsehen. Das _____ an Sendungen findet er zwar gut, aber er ist lieber mit seinen _____ zusammen. Nur wenn es _____ zu tun gibt, sollte man _____, meint Jens. Er schaut sich aber immer die _____ an, weil er ja _____ sein will.

die Beschäftigung occupation
die Möglichkeit opportunity
das Angebot offer, selection
weit gefächert wide-ranging
der Jugendliche young person
der Ältere older person
dazwischen in between
unbedingt absolutely
erforderlich necessary
es herrscht Stille/Langeweile it's very quiet/boring
es sei denn unless
von Bedeutung of importance

Je nach Wetter . . .

Listen to Kai talking about his hobbies and what he thinks of television, films, etc. What do *you* think?

1 In English, note down the points where you
  a agree   **b** disagree.
2 Listen again, then look at the notes below. How accurate are they? Copy them out, underlining any mistakes.
► 3 Correct the false statements.

Kai wohnt in Norddeutschland. Wenn das Wetter schön ist, spielt er gerne Tennis, aber wenn es regnet, muß er leider vor dem Fernseher sitzen und ein Buch lesen. Fernsehen ist für ihn eine nutzlose Sache. Er findet es nicht gut, wenn man kritiklos vor dem Fernseher sitzt. Er selbst sucht sich nur einzelne Sendungen aus. Am liebsten sieht er Nachrichten oder Filme über Tiere und Pflanzen. Ins Kino geht er nicht mehr. Die meisten Filme findet er langweilig, weil sie nur dummes Zeug bringen oder Brutalität zeigen.

je nach Wetter depending on the weather
leider unfortunately
die Beschäftigung occupation
nutzen to use
hängen to hang around
kritiklos uncritically
aussuchen to select
langweilig boring
der Quatsch nonsense
der Sinn sense, meaning

► **Now you!**

1 Write to Kai, telling him about your leisure activities, what you think of television, the cinema, etc. Write 100–120 words in German. Use the guidelines on the right if you wish.
2 Start a discussion in German: 'Was haltet ihr vom Fernsehen?'

Lieber Kai,
bei uns regnet es auch oft! Aber wenn's schön ist, _____. Das Fernsehen finde ich _____. Am liebsten sehe ich _____. Ins Kino gehe ich _____. _____ Filme finde ich _____, weil _____.
Was meinst Du? Schreib bald!
Schöne Grüße, _____.

17 Abends ausgehen

DRUGSTORE
BISTRO-CAFE-PUB
RESTAURANT-BOUTIQUE
PIZZERIA-KIOSK
LIVE-MUSIK
Täglich Schlemmerfrühstücksbuffet
TRINKEN & ESSEN satt
für DM 13,70 täglich von 9 bis 12 Uhr
Feilitzschstr. 12 · Tel. 34 75 31

KARTEN
Für alle Konzerte
wom
Kartenvorverkauf
Kaufinger Straße 15
☎ 2 60 95 13

ROLL PALAST
DER FREIZEITREFF MÜNCHENS
Toll

Jukebox

Top Disco Musik
Nettes Bistro und C
Videoecke und viele
Viel Spaß und Actio

AB SOFORT DAS STADTGESPRÄCH:

Ludwig **Sarclet**
Eis-Ecke am Rotkre
25 Sorten Eis · 50 verschiedene
viele Kuchensorten u. unsere ital
Spezialitäten Zuppa Romana u.

"Geheimtip"
Treffpunkt netter Leute
Pils Herz'l
Extravagant urgemütlich
Landshuter Allee 128   Telefon 15 65 46
Das Lokal mit der besonderen Note
Täglich geöffnet ab 18.00 Uhr

ZIRKUS

What's on?

Look at the entertainment on offer and answer the questions in English.

1 What's the talk of the town?
2 What is supposed to be the leisure centre of Munich?
3 Where exactly would you book theatre tickets?
4 Write down which entertainments here interest you most.

Planning the weekend

Munich, Friday night. Study the adverts above and in German discuss with a friend where you'd like to go tonight and tomorrow. You may use the ideas below.

A: Möchtest Du in _____ heute abend?
B: Nicht schlecht. Oder wir gehen in _____. Wie wär's damit?
A: Ja, dazu hätt' ich auch Lust. Aber vorher möcht' ich _____.
B: Prima Idee. Und morgen abend?
A: Da weiß ich auch was. Wir _____.
B: _____.

At the cinema

You go to the cinema with a friend. Listen to the tape, then answer your friend's questions.

A: What is *White Nights* about?
B: It's the story of _____ who _____ because _____. There's also plenty of _____ and _____.

A: When does it start?
B: _____.

A: Is it all in German?
B: _____.

A: How long does it last?
B: _____.

A: Will it be cheaper to sit at the front?
B: _____.

die Geschichte story
die Heimat home
flüchten to flee
einverstanden sein mit to agree to
die Oper opera
die Vorstellung performance
der Platz seat

'A Chorus Line'

This passage is from a review which appeared in *Stafette*, a teenage magazine. Read it carefully, then write a short English version for your friend.

A Chorus Line ist die Verfilmung eines sehr interessanten Musicals. Es ist aber nicht nur ein Tanzfilm, sondern auch die Geschichte der einzelnen Akteure, und vor allem, man sieht die schwere Arbeit der Tänzer. Dieser 'Traumberuf' ist auf der ganzen Welt ein harter Job. Vor jeder Show stehen Disziplin, Arbeit, Quälerei wie kaum in einem anderen Beruf. Die Fans von Michael Douglas werden ihren Star zum Fressen finden in diesem Film. Er ist mal ernst, mal wieder charmant . . .
'Besonders wertvoll'

die Verfilmung film version
der Akteur actor
der Traumberuf dream job
die Welt world
die Quälerei agony
zum Fressen finden to find irresistible
mal sometimes
ernst earnest, serious
besonders especially, particularly
wertvoll valuable
'besonders wertvoll' 'highly recommended'

69

Making a date

How do you accept/refuse an invitation?
You'll hear three conversations on the tape.
Listen out for these key phrases:

1 Gut, warum nicht?/Jetzt geht das nicht.
2 Wollen wir ins Kino gehen?
3 Hast du Lust, 'n Kaffee trinken zu gehen?
4 Treffen wir uns um sieben?
5 Grüß dich! Wie geht's dir denn?

Now match the phrases to the situations
below:

a greeting someone
b suggesting refreshments
c accepting/refusing
d suggesting entertainment
e arranging a time to meet

▶ Listen again, rewinding if necessary. With a
partner, work out conversations on similar
lines and write them down. After checking
your work, act out the situations, swapping
roles.

At the theatre

You spend an evening at the theatre. Listen to
the tape . . .

1 Listen again, rewinding if necessary, then
copy and complete the diary entry below.

Thursday, 17th August

Visited (*name of theatre*) to see (*which play*) by Czechov. Had
a good seat (*where*). It would normally cost (*how much*) to sit
there, but students only pay (*how much*). The performance
didn't begin until (*when*) so had plenty of time to read the
(*what*). Pity that (*what*)!

2 Listen again, then write down the phrases
you'd need to ask:
a about the performance
b when the performance begins
c about the price of tickets
d for a programme.

With a partner, work out similar
conversations at the box office and write them
down. Then act them out, swapping roles.

Theatre poster

This poster catches your eye.

a What sort of plays are these: classical
tragedy or family comedy? How can you
tell?
b Is the cast well known?
c Are there daily performances?
▶ d Are refreshments available?

die Möwe seagull
das Stück play
empfehlen to recommend
das Programmheft
  programme
enttäuscht disappointed

Young stars

JUNG-STARS

Sie wissen, ☐1 **sie wollen.**

Eine ☐2 Generation junger Schauspielerinnen: unabhängig, zielstrebig und mit Persönlichkeit. ☐3 Skandale oder Liebhaber auf den Weg nach oben, sondern starke Filmrollen.

Die junge **Sandrine Bonnaire** (19) hat gerade ihren sechsten Film ☐4 : *Vogelfrei*. Darin sucht sie als ☐5 Landstreicherin Mona radikal nach der Freiheit. Man meint, Sandrine habe es ☐6 , diese Rolle zu spielen, ☐7 sie auch unabhängig und rebellisch ist. Über ☐8 Charakterrollen sagt sie selbst: „Mein persönliches Leben, das ☐9 immer leicht war, hilft mir." Später ☐10 sie gern 'intelligente' Komödien spielen.

Juliette Binoche (22) ☐11 eine Schauspielerin mit Theaterblut in den Adern. Ihr kühl-schönes Gesicht erinnert ☐12 Stummfilmstars. In ihrem ☐13 Film *Rendez-vous* ist sie schon eine große Schauspielerin.

Sandrine

die **Schauspielerin** actress
unabhängig independent
zielstrebig determined
der **Liebhaber** lover
stark strong
vogelfrei free as a bird
die **Landstreicherin** tramp *(f)*
die **Freiheit** freedom
die **Ader** vein
der **Stummfilm** silent film
frech cheeky
ausstrahlen to radiate
beobachten to observe
die **Seele** soul

Die jüngste, **Charlotte Gainsbourg** (14), ☐14 *Das freche Mädchen*. „Sie strahlt innere Schönheit aus. Sie kann genau beobachten. Das alles macht die Seele ☐15 großen Schauspielerin aus." Doch Charlotte meint: „Ich bin genauso ☐16 alle anderen Mädchen."

▶ The above was taken from an article in the magazine *Journal für die Frau*. It's about three young French film actresses who are setting a new trend.

1 Rewrite the article, filling the blanks with words taken from the list opposite. (If you don't want to rewrite the whole article, just list words to fill the numbered blanks.)
2 Which qualities are these actresses said to share? In English, write briefly about each young star.

gefallen	gemacht
an	spielt
einer	siebten
möchte	wie
weil	ist
neue	junge
ihre	was
nicht	keine

▶ **Letter to the Editor**

Write to the magazine, describing a young *British* star! Write 100–120 words in German. You might mention age, background, artistic achievement, personal qualities, etc. Opposite are some words you might find useful. Address your letter to the Editor's Department (**An die *Journal* Redaktion.**)

die **Gruppe** group
der/die **Musiker(in)** musician
der/die **Sänger(in)** singer
der/die **Komiker(in)** comedy actor

Start: Sehr geehrte Damen und Herren!
Ihren Bericht über junge Stars in Frankreich las ich mit großem Interesse. Jetzt möchte ich einen jungen Star aus _____ vorstellen. Er/sie heißt _____, und er/sie _____.

Sign off: Mit freundlichen Grüßen, Ihr(e) Leser(in),
_____.

18 Feste

A special holiday

Landesreisebüro Salzburg
Kategorie: Komfort
Leistungen: 4 Übernachtungen mit Frühstück
1 Vorstellung des 'Salzburger
Adventsingens' im großen Festspielhaus
1 besinnlicher Salzburger Abend
1 Stadtrundfahrt ab Hotel
1 Fahrt ins winterliche Salzkammergut
Arrangements pro Person: .... ÖS 3,550,–
Einzelzimmerzuschlag: .... ÖS 560,–

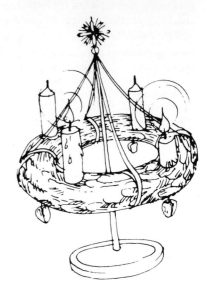

ADVENT IN
SALZBURG

Your friend discovers this holiday in a brochure. Study it
carefully, then answer his/her questions:

1 What accommodation is on offer?
2 What special Advent functions are planned?
3 Will I have an opportunity to see much of the town?
4 Are there plans to visit the surrounding countryside?
5 Will there be an extra charge for a single room?
6 Whom should I contact for further information?

A traditional Christmas

Jens enjoys a traditional German Christmas with the
family gathered round the tree on Christmas Eve, perhaps
singing songs. Listen to the tape to find out which other
two aspects of Christmas he likes.

Listen again, then write a short description of a German
Christmas for your school magazine.

▶ If you decide to write in German, you may wish to use the
notes below. You'll have to sort them out first! Link the
sentences with **und** or **denn** where appropriate.

1 In Fest ein Deutschland schönes Weihnachten ist.
2 Zusammen Familie ganze kommt die wieder.
3 Brennen Weihnachtsbaum die am Lichter.
4 Gemütliche ist Atmosphäre es eine.
5 Wird meistens Weihnachtsmusik gespielt.
6 Zeit besinnliche eine ist es.
7 Kalt draußen ist oft es schneit oder es.
8 Drinnen Wärme gerne man sitzt der in.
9 Oft man Leuten anderen schenkt etwas.
10 Freude ihnen macht das.

Weihnachten Christmas
das Fest festival
gemütlich cosy
das Licht light
brennen to burn
heutzutage nowadays
besinnlich thoughtful
genießen to enjoy
draußen outside
drinnen inside
die Stube sitting-room
die Freude pleasure
das Geschenk gift
die Kleinigkeit trinket
die Aufmerksamkeit
thoughtful gesture

This family might appreciate some advice! In English, write them a list of things to remember next year.

Too much of a good thing!

1 Gerda writes you a letter at Christmas. Unfortunately she was in a hurry, and some words are illegible! Listen to the tape, rewinding if necessary. You'll hear Gerda, her husband Manfred, and cousin Peter. Then rewrite the passage below, completing the sentences as appropriate.

> Von Weihnachten halte ich ▬▬. Mir gefällt es
> Zum Beispiel nicht, daß ▬▬ aber schön ist es
> doch, daß ▬▬. Das Festessen ist jedes Mal anders.
> Zum Beispiel: ▬▬ und dazu gibt es ▬▬.
> Meinem Mann schmeckt eigentlich alles. Aber er ißt
> besonders gerne ▬▬ und trinkt gerne ▬▬ dazu.
> Dieses Jahr besucht uns der Peter. Er mag es nicht,
> daß ▬▬ Recht hat er, finde ich! Was meinst Du?

2 Reply to Gerda's letter in German, telling her your feelings about Christmas and/or other festivities. Use the outline opposite. Write up to 100 words.

3 Working in small groups, prepare a short talk in German on festivals you like to celebrate. Deliver the talk between you.

ausgehen to run out of
irgendwas something
dasselbe the same

Bussi Bussi hugs and kisses (*colloquial*)
der Schmuck decorations
die Verwandten relations
die Gans goose
der Braten roast
das Jahrhundert century
im falschen Blickfeld in the wrong perspective
die Geburt birth

Liebe Gerda,
vielen Dank für Deinen Brief.
Von Feiertagen halte ich ＿＿. Ich meine
＿＿. Wir machen immer ＿＿. Wir essen
＿＿, dazu trinken wir ＿＿.
Schöne Weihnachten wünsche ich, und ein
gutes Neues Jahr.
Dein(e) ＿＿

Fun and fireworks

Winter time is party time in Germany, beginning on New Year's Eve (**Silvester**), followed by **Karneval** (**Fasching** in South Germany). Hanni explains what happens. Listen to the tape . . .

Listen again, then decide which of the descriptions below goes best with:
a Karneval
b Fasching   c Silvester.

1 Lots of fancy dress parades, especially on Rose Monday. Also large fancy dress celebrations.
2 Mainly fancy dress balls. These usually have a motto, for example, you must dress in black and white or you won't be allowed admittance.
3 You celebrate with friends. At midnight you drink a toast and go outside to watch the rockets and fireworks.

You receive the invitation on the right from German friends. What is it about, exactly? What are you asked to do?

▶ Silvesterflug

You find the advertisement below in a magazine. Unfortunately some of the print is illegible. Copy out the passage, filling in the gaps with words taken from the list on the right.

█████ Sie Silvester mal anders:
█████ Sie dem Neuen Jahr entgegen!
Airtrade in München hat ein █████ Programm,
bei █████ die Party wirklich abhebt! Das
█████ beginnt im Münchner Hilton Hotel mit
Cocktail █████ Gala-Abendessen. Kurz nach
22 Uhr █████ die Gäste █████ Flughafen und
feiern dann mit Band und █████ an Bord eines
Airbus', bei dem █████ Teil der Sitzreihen
herausgenommen wird. Man █████ dann
█████ Salzburg nach Wien und in einer █████
Kurve über Innsbruck zurück nach █████ um
das wunderschöne █████ der bayrischen
Hauptstadt von █████ sehen zu können. Nach
der █████ geht der Silvesterball im Hilton
█████ weiter.

Einladung

Wir würden uns sehr freuen, Sie am 2. Februar bei unserem Hausball begrüßen zu dürfen. Das Motto:

Die alten Römer

Um eine kurze Antwort wird gebeten.

der Zug street parade
verkleidet in fancy dress
römisch Roman
stattfinden to take place
die Gruppe group
anstoßen to toast
der Vorsatz resolution
schießen to shoot

oben	Tanz
München	über
Landung	Fest
fliegt	und
ein	fahren
Feuerwerk	großen
dem	fliegen
Hotel	feiern
neues	zum

der Flug flight
abheben to take off
die Sitzreihe row of seats
weitergehen to continue

What to wear?

Kerstin wants to look her best for her birthday party. But does Arno take the matter seriously enough? Listen to the tape . . .

Listen again, then decide whether the following statements are true or false, or whether it's impossible to say. Correct any false statements.

1 Kerstin can't decide whether to wear the pink dress or the silk trousers.
2 Arno likes the long dress she had on last week.
3 Kerstin is tired of that particular dress.
4 Anyway her friend has the same dress.
5 Kerstin says she'll wear the trousers and a pullover.
6 Arno suggests she wear a dark blue pullover.
7 Kerstin dislikes blue and grey together.
8 She next decides to wear a white cotton blouse.
9 Arno suggests she wear yellow check trousers.
10 Kerstin bought these in a sale.
11 However she can't wear them – she's put on weight!
12 Arno is determined to wear his overall to the party.

Now you!

1 What might *you* wear for a party? Write a list in German.
2 You've been to a party. In German, write your diary:
   — wann es war
   — und wo, bei wem
   — wer auch noch eingeladen war
   — was gegessen/getrunken wurde
   — was Sie/andere anhatten
   — was für Musik gespielt wurde
▶ 3 Write a short reply to the invitation on page 74. Unfortunately you can't go because . . . Use the outline below and write 60–70 words in German.

Liebe Freunde,

vielen Dank für die nette Einladung. Leider werde ich nicht kommen können, weil . . .

Alles Gute,
Euer/Eure _____.

Summer fêtes

Look at the photos above.

1 When does Hotel Bayern hold a barbecue?
2 Where are these held in fine weather?
3 When is the Ski Club party?
4 What attractions are they advertising? ·

Transcripts of recorded material

1 Unterwegs

Station announcements

Mann: Köln Hauptbahnhof. Hier ist Köln Hauptbahnhof, Gleis drei. Der eingefahrene Intercity 'Drachenfels' von München fährt weiter nach Hannover, über Düsseldorf, Duisburg, Essen, Bochum, Dortmund, Hamm, Bielefeld. Planmäßige Abfahrt 16.02 Uhr . . .
. . . Achtung! Sie haben Anschluß mit Intercity 'Gutenberg' nach Hamburg-Altona, über Wuppertal-Elberfeld, Hagen, Dortmund, Münster, Osnabrück, Bremen. Planmäßige Abfahrt 16.03 Uhr, Gleis zwo a/b am gleichen Bahnsteig gegenüber.

* * *

Mann: Köln Hauptbahnhof. Hier ist Köln Hauptbahnhof, Gleis zwo. Der eingefahrene Intercity, 'Gutenberg' von München fährt weiter nach Hamburg-Altona, über Wuppertal-Elberfeld, Hagen, Dortmund, Münster, Osnabrück, Bremen. Planmäßige Abfahrt 16.03 Uhr . . .
. . . Achtung! Sie haben Anschluß mit Intercity 'Drachenfels' nach Hannover, über Düsseldorf, Duisburg, Essen, Bochum, Dortmund, Hamm, Bielefeld. Planmäßige Abfahrt 16.02 Uhr, Gleis drei a/b am gleichen Bahnsteig gegenüber.

* * *

Frau: Achtung am Gleis drei a/b! Der Zug fährt sofort ab! Türen schließen selbsttätig.

Which train?

AM: Entschuldigen Sie, ich möchte nach Köln. Wissen Sie vielleicht, mit welchem Zug ich am besten fahre?
Beamter: Ja. Nehmen Sie den Zug auf Gleis sechs. Das ist ein D-Zug. Der fährt jeden Moment ein.
AM: Schön. Wissen Sie zufällig, wann er in Köln ankommt – so ungefähr?
Beamter: Sie sind in etwa zweieinhalb Stunden dort. Schauen Sie am besten auf den Fahrplan da drüben!
AM: Gut, mach' ich. Vielen Dank!
Beamter: Bitte.

Asking the way

AM: Entschuldigen Sie, wie komme ich bitte zum Marienplatz?
1. Passantin: Tut mir leid, das weiß ich nicht. Ich bin auch nicht von hier.

* * *

AM: Entschuldigen Sie, wie komme ich bitte zum Marienplatz?
2. Passantin: Da gehen Sie am besten die Erhardstraße geradeaus, also hier vor zur nächsten Kreuzung. Das ist eine Brücke. Da gehen Sie dann links geradeaus und dann sind S' schon fast am Marienplatz.
AM: Also, können Sie das nochmal sagen, bitte?
2. Passantin: Nochmal. Hm. Also . . . Da gehen Sie die Erhardstraße 'rauf, da kommen S' zu einer Kreuzung, und dann gehen S' die Kreuzung links 'runter!
AM: Also, danke schön.

Reserving a room

AM: Grüß Gott!
Frau: Grüß Gott! Bitte schön?
AM: Vermitteln Sie auch Zimmer?
Frau: Ja, Sie müssen uns nur sagen, was Sie gerne hätten, in welcher Preisklasse, und dann würden wir uns bemühen, ein Zimmer zu vermitteln.
AM: Also bitte für heute abend ein Einzelzimmer, möglichst zentral.
Frau: Möchten Sie das Zimmer mit Dusche/WC oder nur mit Waschbecken haben?
AM: Ja, ich möcht' nicht so viel Geld ausgeben. Also mit Dusche, wenn das preiswert ist.
Frau: Ja, ich kann Ihnen sagen, im Stadtzentrum, nicht so weit weg von hier mit Dusche/WC würde das Zimmer inklusive Frühstück so um die fünfundsiebzig Mark kosten.
AM: Gut, ja, das geht.
Frau: Und für wie lange hätten Sie das gern, nur für eine Nacht, jetzt?
AM: Ja, nur für eine Nacht.
Frau: Schauen Sie, wir sind jetzt hier, das ist die Information am Hauptbahnhof, und Ihr Hotel liegt hier in der Schillerstraße. Wenn Sie dort zu Fuß hingehen, ist es ungefähr zehn Minuten, und Sie nehmen diese Straße, die Sie da draußen sehen, nach links und dann die zweite rechts und geradeaus.

Das Hotel heißt 'Kraft', Schillerstraße 49. Drei Mark sind unsere Vermittlungsgebühr, und vier Mark ist eine Anzahlung für das Hotel, das man Ihnen dann bei der Rechnung wieder abzieht. Diese sieben Mark zahlen Sie bitte vorne an der Kasse, und danach bekommen Sie dann die weiße Kopie, die Sie dort am Empfang abgeben.

AM: Gut, danke schön.

2 Hotel und Jugendgästehaus

Booking a room

AM: Grüß Gott!

Mann: Guten Morgen!

AM: Haben Sie ein Doppelzimmer frei, bitte?

Mann: Für wie viel(e) Nächte, bitte?

AM: Für drei Nächte.

Mann: Ja, das kann ich Ihnen reservieren.

AM: Ja, und ist das mit Dusche?

Mann: Das ist mit Dusche und WC.

AM: Was kostet das Zimmer, bitte?

Mann: Äh, hundertfünfzehn Deutsche Mark.

AM: Hundertfünfzehn Mark, ja. Ist das das billigste Zimmer, das Sie haben?

Mann: Ich kann Ihnen noch ein Doppelzimmer, mit – nur mit Waschgelegenheit reservieren.

AM: Ja, und was kostet das?

Mann: Das kostet fünfundneunzig Deutsche Mark.

AM: Fünfundneunzig, ja. Ist das Frühstück im Preis inbegriffen?

Mann: Das Frühstück ist inklusive.

AM: Also gut, dann nehm' ich das Zimmer.

Mann: Würden Sie dann bitte hier dieses Reservierungsformular ausfüllen?

AM: Ja.

Mann: Hier ist . . . hier ist Ihre Zimmerkarte und Ihr Schlüssel. Das ist Zimmer 308 im dritten Stock.

AM: Gut, und äh, ab wann gibt es Frühstück?

Mann: Das Frühstück wird ab sechs Uhr dreißig serviert – bis elf Uhr.

AM: Und wo ist das Frühstückszimmer?

Mann: Sie gehen hier gerade durch, und dann die erste Tür rechts.

Checking in at *haus international*

Sonja: Guten Tag, ich wollte mich erkundigen, ob Sie noch ein Einbettzimmer frei haben und wieviel das kostet?

Inge: Nein, tut mir leid, ein Einbettzimmer haben wir nicht mehr frei. Wir haben nur noch ein Bett in einem Fünfbettzimmer heute, und es kostet

fünfund – äh, siebenundzwanzig Mark, inklusive Frühstück.

Sonja: Und macht das Haus zu in der Nacht, oder ist es immer offen?

Inge: Nein, wir haben durchgehend geöffnet, Sie können jederzeit kommen.

Sonja: Wann ist das Frühstück?

Inge: Wir haben Frühstück zwischen sieben und neun.

Sonja: Ist das inklusive?

Inge: Ja, das ist inklusive bei den siebenundzwanzig Mark.

Sonja: Darf ich mir das noch einen Moment überlegen?

Inge: Ja natürlich, gerne . . .

Sonja: Gut, dann bleib' ich hier. Kann ich auch eine Woche hierbleiben?

Inge: Nein, tut mir leid, wir vermieten nur tageweise. Sie können eventuell morgen vormittag, vor zehn Uhr, verlängern, wenn Sie noch bleiben möchten.

Sonja: Gut, dann komm' ich morgen zum Verlängern. Muß ich mich jetzt eintragen?

Inge: Ja, für heute müssen Sie bitte den Beleg hier ausfüllen. Ich kann Ihnen helfen: Hier ist der Name, dann die Stadt, wo Sie geboren sind, das Land und die Adresse.

Sonja: Gut, geht in Ordnung! Ich trag' mich jetzt ein! . . .

Sonja: Entschuldigen Sie, ich hab' einige Fragen: Kann ich das Schwimmbad umsonst benützen, oder muß man da einen Beitrag leisten?

Inge: Nein, das Schwimmbad ist frei . . . und zwar ist es geöffnet zwischen sieben und elf vormittags und fünfzehn bis einundzwanzig Uhr abends, dann.

Sonja: Und die Discothek – ist die für alle hier?

Inge: Ja, die ist allerdings nur für Hausgäste und zwar ist die ab achtzehn Uhr abends geöffnet bis um eins. Müssen Sie auch nichts bezahlen.

Sonja: Kann ich das Essen hier einnehmen?

Inge: Ja, können Sie schon, und zwar entweder Mittag- oder Abendessen, und das können Sie direkt hier im Restaurant bezahlen. Das kostet, äh, zwölf Mark fünfzig, das ganze Menü. Getränk extra.

Sonja: Und wie komm' ich hier ins Zentrum der Stadt?

Inge: Da nehmen Sie jetzt hier gleich gegenüber des Hauses den Bus 33, fahren bis zur Endstation, und von dort aus nehmen Sie entweder die U3 oder die U6.

Sonja: Danke für Ihre Auskunft!

Inge: Bitte schön.

3 Bank und Post

Changing money

AM: Grüß Gott!
Angestellter: Grüß Gott!
AM: Ich möchte zehn Pfund wechseln.
Angestellter: Das können Sie machen. Sie bekommen heute für ein Pfund drei Mark und elf Pfennige.
AM: Nehmen Sie Euroschecks auch?
Angestellter: Können wir auch gerne einlösen.
AM: Auf wen darf ich den Scheck ausfüllen?[1]
Angestellter: Da brauchen Sie nichts 'reinschreiben. Hier geben wir unseren Stempel dann 'rein.[2]
AM: Der wievielte ist heute, bitte?
Angestellter: Heute ist der 12. August.
AM: Also, wieviel darf ich abheben?
Angestellter: Sie können mit einem Euroscheck bis zu vierhundert Mark abheben.
AM: Und Ihre Gebühr?
Angestellter: Bei uns keine. Es fallen bei uns hier keine Gebühren an, bei der Einrechnung. Die werden Ihnen später in Ihrem Land belastet.
AM: Also bitte – die Scheckkarte. Brauchen Sie auch den Reisepaß?
Angestellter: Bei Einlösung von bis zu zwei Schecks benötigen wir diesen nicht.
AM: Gut. Also, können Sie mir bitte vierhundert Mark in Scheinen geben und den Rest klein, bitte.
Angellter: Können wir machen. Sollen wir diese vierhundert Mark in Hunderten Ihnen auszahlen, oder soll es noch kleiner sein?
AM: Ja, zwei Hunderter . . . und vier Fünfziger.
Angestellter: Können wir machen. Geht in Ordnung.
AM: Danke.

At the Post Office

AM: Guten Morgen.
Angestellter: Guten Morgen.
AM: Ich brauche Briefmarken nach England, bitte. Ich habe drei Postkarten und einen Brief.
Angestellter: Also, der Brief kostet eine Mark, und die Postkarten kosten je siebzig Pfennig.
AM: Ja, bitte. Also drei zu siebzig, und eine zu einer Mark.
Angestellter: Ja, hier bitte.
AM: Es tut mir leid, ich habe jetzt kein Kleingeld . . .
Angestellter: Ah, das kann ich Ihnen schon wechseln. Geben Sie nur her!
AM: Und wo kann ich hier nach England telefonieren?
Angestellter: Da müssen Sie zum Schalter zwei gehen. Das ist nicht bei mir.
AM: Kann ich durchwählen?
Angestellter: Ja, Sie müssen dann die Vorwahl 0044 wählen.
AM: Vielen Dank!
Angestellter: Bitte.

Sorry, wrong number!

Angestellte: Reisebüro Globus, guten Tag!
Frau: Ach, ist das nicht das Jugendtheater?
Angestellte: Nein, da sind Sie falsch verbunden.
Frau: Oh, tut mir leid. Auf Wiederhören!
Angestellte: Auf Wiederhören!

Call back later

Ralph: Ja, bei Haller?
AM: Hallo, kann ich bitte Werner sprechen?
Ralph: Wer ist bitte am Apparat?
AM: Eine Freundin von ihm.
Ralph: Moment . . . Es tut mir leid, der Werner ist gerade nicht zu Hause.
AM: Wann kommt er wieder?
Ralph: Ich weiß nicht, vielleicht in einer Stunde?
AM: Gut, dann ruf' ich später an. Auf Wiederhören!
Ralph: Auf Wiederhören.

4 Guten Appetit!

At the café

AM: Fräulein!
Frau: Ja bitte, was darf's sein?
AM: Ein Stück Apfelkuchen mit Sahne, bitte. Und einen Kaffee.
Frau: Möchten Sie ein Kännchen oder eine Tasse Kaffee?
AM: Eine Tasse, bitte.
Frau: Eine Tasse, jawohl.

* * *

Frau: So, bitte schön. Der Apfelkuchen und der Kaffee. Möchten Sie sonst noch etwas?
AM: Nein, danke. Darf ich jetzt gleich zahlen?
Frau: Aber natürlich. Das macht drei Mark und fünfzig, bitte.
AM: Drei Mark achtzig,[1] bitte.
Frau: Danke schön.

---

78   [1] Better to say 'ausstellen'.

[2] 'Da können wir unseren Stempel einsetzen.'

[1] The amount paid includes a 30–pfennig tip.

A matter of taste

Peter: Ich esse gern Würstchen mit Sauerkraut.
Helga: Ich ess' gern Pommes frites.
Peter: Ich ess' gern Rinderbraten.
Helga: Ich esse gern Wiener Schnitzel.
Peter: Ich ess' gern Rotkohl.
Helga: Ich esse gern Müsli.
Peter: Ich ess' gern Wiener Würstchen.
Helga: Ich esse gern Gemüse.
Peter: Ich esse gern Leibziger Allerlei.
Helga: Ich esse gern Obst.
Peter: Ich esse gern . . . Ich esse gern Eintopf.
Helga: Ich esse gern Brot mit Butter.
Peter: Ich esse gern Marmeladenbrot.
Helga: Ich esse gern Eiskrem und Schokolade.
Peter: Ich esse gern Scholle mit Salzkartoffeln.
Helga: Ich esse gern Fisch.
Peter: Ich esse gern Kaugummi.
Helga: Kaugummi ißt man nicht.
Peter: Das kann man aber 'runterschlucken!
Helga: Das ist nicht gesund!
Peter: Macht aber Spaß . . .

Eating in Germany

AM: Was essen die Deutschen zum Frühstück?
Stefan: Das deutsche Frühstück ist sehr umfassend. Es hat Marmelade, Butter, Brötchen, manchmal verschiedene Sorten . . . mit Salz, süße Brötchen, saure Brötchen, dazu Schinken, Käse, Honig natürlich auch, das darf nicht fehlen . . . Tja, das wär's eigentlich. Trinken tut man dazu entweder Tee – aber selten eigentlich, die Deutschen sind sehr große Kaffeetrinker. Dann die Kinder trinken oft Schokolade – natürlich nur mit Milch.
AM: Und hat man dann mittags noch Hunger? Was ißt man dann zu Mittag?
Stefan: Ach ja, die Deutschen arbeiten ja den ganzen Tag, und von daher fällt manchmal das Mittagessen aus. Aber wenn's Mittag gibt, dann ißt man sehr viele Kartoffeln. In England sind sie erfunden worden, aber die Deutschen lieben sie heiß und innig! Dazu Fleisch oft, Rindfleisch, Steaks – kennen die Engländer ja auch. Äh, Schweinefleisch sehr viel, dazu Gemüse, manchmal auch Reis, aber sehr selten. Und trinken tut man dazu natürlich in Bayern ein Bier! Und in Norddeutschland vielleicht eher ein(en) Wein, aber das eigentlich eher abends. Sondern abends ißt man dann entweder wieder warm, wenn man mittags nicht so viel gegessen hat, aber da wird man dann kugelrund! Von daher ißt man abends oft dann ein Brot, mit Schinken wieder oder Käse, und dazu dann gemütlich ein(en) Wein oder ein Bier.

5 Einkaufen

Buying groceries

AM: Grüß Gott!
Mann: Grüß Gott!
AM: Eine Flasche Apfelsaft, bitte.
Mann: Bitte schön.
AM: Und eine Tüte Milch.
Mann: Milch haben wir keine. Sie müssen um die Ecke in den Milchladen gehen.
AM: Gut. Dann brauch' ich ein Päckchen Vollkornbrot.
Mann: Bitte sehr.
AM: Und zweihundert Gramm Salami.
Mann: Diese hier?
AM: Ja, die. Die nehm' ich, ja.
Mann: Gerne.
AM: Und hundert Gramm Emmenthaler in Scheiben, bitte.
Mann: Schweizer Emmenthaler?
AM: Ja, bitte.
Mann: Gerne.
AM: Ist die Schokolade im Angebot?
Mann: Ja, diese hier ist im Angebot. Für eine Mark dreißig.
AM: Eine Mark dreißig . . . Gut, dann nehm' ich eine . . . eine Tafel mit Nuß.
Mann: Mit Vollmilchnüssen. Bitte schön.
AM: Was macht das, bitte?
Mann: Zwölf Mark fünfundneunzig.
AM: Gut, danke.
Mann: Danke schön.

Buying sportswear

AM: Ich brauche eine einfache Sporthose. Können Sie mir etwas zeigen?
Frau: Was wollen Sie denn etwa ausgeben?
AM: So um fünfzig Mark ungefähr.
Frau: Ja, wir haben hier eine für sechzig. Darf es so was sein?
AM: Hm. Das ist zu teuer. Haben Sie etwas anderes?
Frau: Das ist im Moment die einzige, die wir hier haben.
AM: Gut. Darf ich die anprobieren?
Frau: Ja, natürlich.

* * *

Frau: Hat sie gepaßt? . . . Hat sie gepaßt?
AM: Ja, die paßt. Die nehm' ich.
Frau: Ja, dann gehen Sie gerade bitte zur Kasse.

Buying a T-shirt

AM: Grüß Gott! Ich brauche ein weißes T-shirt.
Frau: Grüß Gott! Für Damen, ne?
AM: Ja. Etwas mit kurzen Ärmeln, wenn's geht.
Frau: Ja, schauen Sie. Da hätt' ich eins mit halb angeschnittenem Arm oder Viertelarm. Was wär Ihnen denn lieber?
AM: Ja . . . Äh, haben Sie auch so was in Rot?
Frau: In Rot haben wir's auch, ja, schauen S', hier. Das ist also reine Baumwolle, das können Sie also selber waschen . . . sehr hautverträglich, sehr sympathisch. Die Weißen können Sie kochen, nur die Bunten auf sechzig Grad waschen, na?
AM: Was kosten die beiden T-shirts?
Frau: Also, das Weiße hier ist von achtundneunzig Mark auf neunundsechzig reduziert, und das Rote ist regulär für neunundfünfzig Mark.

6 Auskunft und Fahrkarten

At the Tourist Information Office

AM: Können Sie mir sagen, wie ich eine Fahrkarte kaufe, für den Bus oder für die Straßenbahn?
Frau: Sie können bei allen Einstiegsstellen, U-Bahn, S-Bahn, Trambahn, Bus, bei den Automaten sich eine blaue Streifenkarte für sechs Mark fünfzig kaufen und stempeln pro Person pro Richtung zwei blaue Streifen ab.
AM: Gut, und wo stempelt man das ab?
Frau: Bei der Straßenbahn und beim Bus im Fahrzeug und bei S-Bahn und U-Bahn am Eingang.
AM: Gut, danke. Gibt es besondere Karten für Touristen?
Frau: Es gibt das Vierundzwanzigstundenticket. Das kostet für Erwachsene im gesamten Stadtgebiet München sechs Mark fünfzig und für Kinder bis zum vollendeten fünfzehnten Lebensjahr im gesamten Stadtgebiet zwei Mark.

At the ticket office

AM: Guten Tag!
Frau: Grüß Gott!
AM: Eine Fahrkarte nach Salzburg, bitte.
Frau: Wann möchten Sie denn fahren?

AM: Heute nachmittag.
Frau: Möchten Sie einfach oder hin und zurück?
AM: Einfach, bitte.
Frau: Moment, bitte. Benutzen Sie den Intercity?
AM: Was ist denn das?
Frau: Intercity, das ist ein Schnellzug, da müssen Sie allerdings fünf Mark Zuschlag bezahlen.
AM: Nein, das möcht' ich lieber nicht.
Frau: Ist gut. Dreißig Mark, bitte schön.
AM: Danke. Ist das ein D-Zug, dann?
Frau: Ja, das ist ein D-Zug.
AM: Ist ein Speisewagen im Zug?
Frau: Äh, nachmittags ist es nicht mehr üblich, daß Speisewagen im Zug mitgeführt werden.
AM: Ja, gut. Muß ich umsteigen?
Frau: Nein, die Züge fahren direkt nach Salzburg.
AM: Von welchem Gleis, bitte?
Frau: Einen Moment. Das ist Gleis fünfzehn.
AM: Gut, danke.

* * *

AM: Noch eine Frage, bitte.
Frau: Ja, bitte schön?
AM: Ich möchte nächste Woche mit dem Ostende-Express nach London fahren. Können Sie mir dann sagen, fährt Montag abend ein Zug?
Frau: Ja, es fährt eigentlich jeden Tag ein Zug nach London. Wenn Sie abends fahren, haben Sie sogar eine besonders gute Verbindung.
AM: Kann ich bitte einen Liegeplatz bestellen?
Frau: Ja, für wann, bitte?
AM: Für Montagabend.
Frau: Mmm, das wär' dann der fünfzehnte – nein, der siebzehnte . . . oder der achtzehnte – der achtzehnte, am Montag, ja?
AM: Gut, ja.
Frau: Möchten Sie mit dem Zug um einundzwanzig Uhr vierzehn fahren?
AM: Ja.
Frau: Gut. Möchten Sie den Liegeplatz oben, in der Mitte oder unten?
AM: Unten, bitte. Und Nichtraucherabteil, wenn's geht.
Frau: Ja, ich versuche, daß es noch geht. Das macht dann dreiundzwanzig Mark, bitte.
AM: Gut, danke schön.

At the lost property office

AM: Grüß Gott!
Mann: Grüß Gott!
AM: Ich habe meine Geldbörse verloren.
Mann: Wann haben Sie die verloren?
AM: Gestern nachmittag.

Mann: Und wo?
AM: Das muß im Zug gewesen sein.
Mann: In welchem Zug? Von wo ist er hergekommen?
AM: Aus Salzburg.
Mann: Aus Salzburg. Wissen Sie zufällig, wann er angekommen ist?
AM: Er ist angekommen um zwei Uhr fünfzehn.[1]
Mann: Mm, Moment mal, bitte. Muß ich mal nachsehen, ja. Moment, bitte.

* * *

Mann: Ich hab' leider bis jetzt noch nichts bekommen, äh, Sie müßten, wenn äh, falls noch was kommt, einen Nachforschungsauftrag ausfüllen. Das sind diese Formblätter hier. Wenn noch was kommt, dann kriegen Sie Nachricht.
AM: Ja, em, gut – danke.
Mann: Bitte schön.

7 Am Campingplatz

Arriving

AM: Grüß Gott! Haben Sie einen Platz noch frei?[2]
Frau: Ja, was haben Sie denn – ein Zelt oder (einen) Caravan?[3]
AM: Ja, ich hab' ein kleines Zelt.
Frau: Ein Zelt. Und wieviele Personen?
AM: Nur ich.
Frau: Nur Sie alleine – und mit dem Auto?
AM: Ich bin mit dem Auto da, ja.
Frau: Ja. Wenn Sie mir dann bitte einen Paß geben und mir das Anmeldeformular ausfüllen . . .
AM: Ja, also bitte schön . . .
Frau: Danke schön. Dann – fahren Sie geradeaus und suchen sich einen Platz aus.
AM: Irgendeinen Platz?
Frau: Irgendeinen Platz. Und dann hängen Sie die Nummer, die Sie bekommen, an das Zelt. Und zahlen bei der Abreise.
AM: Und was kostet das überhaupt?
Frau: Äh, pro Person kostet es drei Mark, und das Zelt kostet zwei Mark und das Auto auch drei Mark.
AM: Also insgesamt acht Mark pro Tag?
Frau: Ja, ja. Acht Mark pro Tag – pro Nacht, wird das gerechnet.
AM: Ah, ja. Muß ich jetzt gleich zahlen, oder kann ich . . .
Frau: . . . Sie zahlen, wenn Sie abreisen.
AM: Wenn ich abreise . . .
Frau: Ja, wenn Sie abreisen.
AM: Und bekomme ich da irgend etwas von

Ihnen? Ich bräuchte eigentlich eine Decke.
Frau: Eine Decke? Ja, Sie können sich eine Decke ausleihen, und da müssen Sie mir eben etwas als Pfand hinterlegen.
AM: Ja, zum Beispiel? Was kostet das?
Frau: Zum Beispiel zwanzig Mark, wenn Sie hinterlegen.
AM: Ja, und wo kann ich etwas waschen?
Frau: Ah, wollen Sie mit der Waschmaschine waschen?
AM: Ja, wenn's geht.
Frau: Dann kaufen Sie hier eine Waschmünze, und gegenüber sind die Waschmaschinen.
AM: Prima. Und jetzt brauch' ich was zum Essen – wo kann ich da einkaufen?
Frau: Äh, wenn Sie auf die Terrasse gehen, dort befindet sich ein kleiner Supermarkt, dort können Sie einkaufen. Äh, und wenn Sie zum Beispiel duschen wollen, da müssen Sie Duschmünzen kaufen.
AM: Prima, ja. Jetzt hätt' ich nur noch eine Frage – was kann man hier in der Gegend alles unternehmen?
Frau: Also hier in der Gegend – äh, wir haben zum Beispiel gute Busverbindungen in die Stadt, direkt ins Zentrum, und da können Sie hier die Fahrkarten kaufen. Wir haben auch einen Stadtplan und Informationen. Oder . . . Und hier in der Umgebung können Sie also ins Schwimmbad gehen – in der Nähe ist ein Schwimmbad. Oder zum Beispiel ein Fahrrad mieten und mit dem Fahrrad an der Isar entlangfahren.
AM: Das wär' schön, ja. Das mach' ich!
Frau: Okay – es gibt also viele Freizeitmöglichkeiten . . .
AM: Also, bekomm' ich jetzt von Ihnen die Nummer?
Frau: Ja, ich geb' Ihnen jetzt die Nummer, und dann fahren Sie auf den Platz und suchen sich selber einen Zeltplatz aus.
AM: Also gut. Danke!
Frau: Bitte.

The sound of music . . .

AM: Entschuldigen Sie, können Sie mir sagen, was ist das für eine Musik?
Alter Man: Na, das weiß i nitta[1]. Na, keine . . . keine Ahnung nitta, nicht.
AM: Gut, danke!
Musik, Gesang: „. . . Mir sam mit'm Radl da . . . alle miteinand! . . . . . . Rucki, zucki!"
AM: Also, hat's Ihnen gefallen auf der Floßfahrt?
Frau: Ja, sehr gut . . .
Mann: Ja, prima, es war eine tolle Fahrt, weil das Wetter hat mitgemacht, und die Natur ist auch wunderbar unterwegs! Die vielen Brücken und die Schleusen und diese Rutschen – also wundervoll, ich kann's nur empfehlen!

81

[1] 'Angekommen' should be at the end of the sentence.
[2] Better: 'Haben Sie noch einen Platz frei?'
[3] The normal German word for 'caravan' is 'Wohnwagen.'

[1] 'nitta' (*dialect*) = 'ich nicht'

AM: Ja, und die ganze Stimmung – wieso die ganze Stimmung?

Frau: Natürlich eine Gaudi . . . Na ja, die springen und fliegen ins Wasser!

Mann: Das beste . . . das beste ist, wenn man drei, vier Bier zuviel . . . zuviel getrunken hat, daß man ins kühle Naß 'reinspringt und dann wird man wieder klar im Kopf, nicht?

AM: Ah ja. Gut, danke!

Männer: Sing, sing, holi- holiday!

AM: Also, Grüß Gott!

Männer: Grüß Gott! Grüß Gott!

AM: Ihr kommt gerade von der Floßfahrt, nicht?

Männer: Ja, ja.

AM: Und hat's euch gefallen?

Männer: Wunderbar, wunderbar! Die Stimmung, die Stimmung war sagenhaft!

Männer: Die Stimmung war Klasse – die Stimmung war sagenhaft!

AM: Die Stimmung, ja, und woher kommt das?

1. Mann: Ja, die Blaskapelle, und die, die Leute – die Leute waren einfach sagenhaft – und die Stimmung war optimal.

2. Mann: Mir[1] kommen von Stuttgart. Mir kommen von Stuttgart. Von Stuttgart. Es is(t) ein Kegelverein, und mir haben ein, äh, so . . . so einen kleinen Betriebsausflug gemacht. Die Stimmung ist wunderbar!

AM: Also, ein Kegelverein, ja. Und seid ihr immer so lustig?

2. Mann: Immer, immer, immer, immer! Haben Sie schon einmal einen traurigen Schwaben gesehen? Immer freundlich und höflich und zuvorkommend – immer, immer, immer!

3. Mann: Schwaben sind immer lustig, ja.

8 Ferien

Why Munich?

AM: Jens, wieso bist du nach München gekommen?

Jens: Ich hab' Urlaub, und da hab' ich mir gedacht, ich fahr' nach München, weil es hier sehr schön ist, schönes Wetter. Sehenswürdigkeiten gibt es hier sehr viele.

AM: Was für Sehenswürdigkeiten?

Jens: Schlösser gibt es hier, alte Gebäude, schöne Parks, und es gibt hier auch nette Menschen, so wie ich das schon aus vielen Erzählungen gehört habe. Die sollen sehr kontaktfreudig sein, und man . . . Sie können mit denen gut reden, obwohl die Sprache etwas schwierig zu verstehen ist manchmal, weil es eben mit Dialekt verbunden ist. Und man kann hier auch gut einkaufen, viele schöne Sachen, Kleider, Hosen, alles, was das Herz begehrt. Außerdem ist hier auch gut . . . kann man auch gut Eis essen gehen, zum Beispiel, oder ins Schwimmbad gehen. Bei der Wärme bietet sich das immer hervorragend an.

Außerdem, Ausflugsmöglichkeiten ins Umland sind hier sehr gut zu nutzen. Man kann die Schlösser von den Königen besichtigen und auch in die Berge fahren, in das Umland, was doch einen unwahrscheinlichen Reiz hat, zumal ich aus dem Norden Deutschlands komme, wo es keine Berge gibt, sondern nur Seen und ein Meer, die Nord- und die Ostsee. Und da ist eben alles flach, und hier haben wir schöne große Berge, im Gegensatz zu Norddeutschland, wo alles flach ist.

Holidays abroad

AM: Wo waren Sie dieses Jahr im Urlaub?

Erna: Äh, ich war dieses Jahr in Italien, und mir gefällt es dort sehr gut, denn dort kann ich schwimmen, surfen, segeln, tauchen – alle möglichen Dinge tun. Und, äh, im nächsten Urlaub möchte ich mit meinem Mann gerne nach Jamaika fahren – das ist in der Karibik, um dort meine Kusine zu besuchen, die dort seit acht Jahren lebt. Und, äh, ich fahre gerne dorthin, um mir das Land und die Leute anzusehen, wie die Menschen dort leben und welche Bräuche und Sitten sie haben.

AM: Ja, sehr schön.

A warm welcome

Gerhard: Ich habe mit sechzehn begonnen, Englisch an der Schule zu lernen. Äh, ich spreche eigentlich sehr wenig, denn äh, wir haben sehr wenig Kontakt zu Engländern oder Englisch sprechenden Menschen. Aber es macht mir eigentlich Spaß, auch mal in einer anderen Sprache zu sprechen, deshalb fahren wir hin und wieder nach England in den Urlaub, und äh, dort können wir dann etwas Englisch sprechen.

Wir waren an der Grenze von Wales/England, und dort haben wir eine Wanderung gemacht, entlang dieser Grenze von Nord . . . von Nordwales bis nach – äh, von Südwales bis nach Nordwales. Dreihundertsechzig Kilometer sind wir gewandert!

Das war sehr schön, denn es hatte dort sehr wenig(e) Touristen (gegeben), und wir konnten auch – haben einen sehr, sehr guten Kontakt mit der Bevölkerung bekommen, und konnten daher auch sehr viel Englisch sprechen.

Äh, wir haben in kleinen Pensionen gewohnt, also diesen „Bed and Breakfast" Pensionen. Nicht in Hotels, da gab es keine, ha ha.

AM: Und wie schmeckt Ihnen das englische Frühstück?

Gerhard: Das ist sehr gut. Das ist, äh, hervorragend! Wir, äh, wir haben das sehr genossen, äh, diese warmen Tomaten – und, äh . . . das war ungewöhnlich, aber sehr gut. Und Cornflakes – prima! Und wir trinken auch sehr gern Tee. Wir haben also auch etwas englische

---

[1] 'mir' (*dialect*) = 'wir'

Lebensgewohnheiten, ha.
AM: Schön. Und wie war das sonstige Essen?
Gerhard: Eh, nicht besonders gut . . . Es war sehr
eintönig – es gab immer Fish and Chips!
AM: Oh je!

9 Sport und Wetter

Stefan

AM: Wie ist das Wetter heute?
Stefan: Es ist heute etwas windig und äh, ziemlich
bewölkt. Gestern war's sehr, sehr heiß, aber heute
ist es ein bißchen kälter, nicht so ganz warm. Und
ich find's ganz schön, daß es mal ein bißchen
abkühlt im Sommer, weil diese Hitze andauernd
ist etwas schwer zu ertragen.
AM: Wie ist es hier im Winter?
Stefan: Hier in München ist es sehr angenehm im
Winter. Deshalb lebe ich hier auch sehr gerne,
weil im Winter ist es hier oft sehr, sehr kalt, aber
strahlend blauer Himmel und viel, viel Schnee.
Und in Norddeutschland ist es dann nur 'nasty'
und regnerisch ('nasty' – Englisch) und
unmöglich, dort zu wohnen, weil es regnet . . .,
und es ist sehr wenig Schnee.
AM: Was machen Sie in der Freizeit?
Stefan: Ja, wenn ich viel arbeite, hab' ich wenig
Freizeit. Und wenn ich, äh, 'mal nicht arbeite, dann
im Winter, ich lauf' sehr, sehr gerne Ski. Das kann
man ja manchmal auch im Sommer. Es gibt viele
Gletscher hier um München herum, wo man auch
im Sommer skilaufen kann. Aber im Sommer fahr'
ich lieber auf dem Wasser mit dem Boot, mit dem
Segelboot. Ich segel' wahnsinnig gerne. Dann, äh,
treib' ich Tennis und auch Fitneß!

The weather . . .

Peter: Wie ist das Wetter heute?
Helga: Heute ist schönes Wetter.
Peter: Es schneit.
Helga: Es schneit nicht.
Peter: Es scheint die Sonne.
Helga: Heute regnet es.
Peter: Es gibt gleich Sturm.
Helga: Es ist kühl.
Peter: Ein Gewitter kommt.
Helga: Ich glaube, es hellt sich auf.
Peter: Ich glaub', jetzt wird's dunkel . . .

* * *

Peter: Der Frühling in Deutschland ist so, daß das
Wetter meistens lau ist. Dann regnet es und
scheint vielleicht wieder die Sonne. Manchmal
schneit es dann auch noch, aber er bleibt nicht
liegen, der Schnee. Und ab Mai wird es noch
wärmer, dann ist oft Sonne.
Im Herbst gibt es oft Nebel und schlechteres

Wetter, und manchmal gibt es auch so was, das
nennt man Altweibersommer, da die Tage sind da
noch schön, und es scheint die Sonne, aber
ansonsten ist es dann schon ziemlich kalt.

Boris

AM: Magst du die Musik?
Boris: Ja, das ist eigentlich nicht meine Musik.
Aber abends gibt es nicht viel Besseres zu tun,
hier, als in die Disco zu gehen, im Haus.
AM: Was magst du sonst machen?
Boris: Ja, sonst mach' ich eigentlich gerne Sport –
tagsüber natürlich nur. Oder abends Training,
aber da nicht so spätabends. Nach dem Training
geh' ich noch in die Disco, Musik zu hören. Aber
vorher mach' ich eben gerne Sport. Ich bin also in
einem Schwimmverein, und dort trainiere ich. Ich
habe die Möglichkeit, bis zu sechsmal in der
Woche zu trainieren. In den Ferien kann ich sogar
vormittags und nachmittags trainieren. Oder
vormittags und abends, was dann den
Trainingseffekt natürlich steigert. Aber
normalerweise bloß fünfmal, von montags bis
freitags. Und außerdem mach' ich auch – bin ich
auch in einem Judoverein. Und dort hab' ich vor
zwei Jahren auch den Übungsleiterlehrgang
gemacht. Und das macht mir eigentlich noch viel
mehr Spaß, weil ich dort Kinder trainiere, eine
Kindergruppe hab' ich, die ich betreue. Und das ist
immer schön zu sehen, wie man Fortschritte
macht. Ja, wie vor allen Dingen die Schüler
Fortschritte machen, wenn man als Übungsleiter
tätig ist. Man kennt ja eigentlich nur, bis man
achtzehn oder zwanzig ist, die Rolle des Schülers
oder die Rolle des Lernenden. Und dann, wenn es
auf einmal umdreht und man selber ist der, der
jemandem etwas vermittelt und sieht, wie andere
Leute Fortschritte machen, das is(t) eigentlich
auch ein schönes Gefühl, muß ich sagen.

10 Gesundheit!

At the chemist's

AM: Grüß Gott.
Apothekerin: Grüß Gott.
AM: Ich habe Halsweh und Schnupfen. Können
Sie mir etwas geben?
Apothekerin: Haben Sie Fieber?
AM: Nein, ich habe kein Fieber.
Apothekerin: Dann nehmen Sie diese Nasentropfen
hier und für den Hals diese Pastillen. Drei bis
viermal täglich lutschen, bitte.
AM: Ja, drei- bis viermal am Tag, ja. Und äh,
haben Sie was gegen Kopfschmerzen?
Apothekerin: Ja, wir – haben wir
Kopfwehtabletten. Die können Sie, äh, täglich
nehmen, aber bitte nicht beides zusammen.

AM: Ja gut. Was macht das jetzt, bitte?
Apothekerin: Ja, das macht zusammen sechzehn Mark neunzig.
AM: Gut.

Finding a doctor

AM: Eine Frage – ich fühle mich heute nicht gut. Gibt es hier in der Nähe einen Arzt?
Mann: Ja, wir haben einen sehr guten Arzt hier in der Nähe.
AM: Und wie komm' ich dorthin?
Mann: Äh, Sie gehen nur diese Liebigstraße gerade 'runter, und bei der nächsten Kreuzung, Ecke Öttingerstraße, das ist dann die Praxis Dr. Strüngmann.
AM: Also, Dr. Strüngmann?
Mann: Ja.
AM: Wie schreibt man das?
Mann: Äh, STRÜNG und 'Mann'.
AM: Gut, danke.

Aches and pains

Studenten: —— Ich habe Bauchschmerzen.
—— Ah, das tut mir leid!
—— Ich hab'n Sonnenbrand.
—— Ich habe Grippe.
—— Ich habe Zahnschmerzen.
—— Ich habe Halsschmerzen.

What's wrong?

AM: Sag – sag mal, bist du etwas verschnupft?
Gerda: Ja, leider! Mitten im Sommer! Ich weiß auch nicht, wo ich das herhab'.
AM: Und wie fühlst du dich?
Gerda: Ja, genauso eigentlich wie im Winter bei einer Grippe.
AM: Ja, ist das schlimm?
Gerda: Ja, die Nase läuft andauernd!
AM: Die Nase, ja. Ist das Heuschnupfen?
Gerda: Na, na, das ist ei(ne) ganz normale Grippe, wie im Winter. Äh, Erkältung, mit Halsweh und Fieber, und . . .
AM: . . . und alles, ja.
Gerda: Alles, ja, genau. Am besten ins Bett legen, aber bei so einem schönen Wetter . . .
AM: Warst du beim Arzt?
Gerda: Na. Das muß von allein auch wieder vergehen.
AM: Auch wahr.
Gerda: Ja.

At the doctor's

Frau Doktor Braun: Guten Morgen!
AM: Guten Morgen, Frau Doktor.
Frau Doktor Braun: Nehmen Sie doch bitte Platz! Was fehlt Ihnen denn?
AM: Ich glaube, ich hab' eine Grippe.
Frau Doktor Braun: Aha! Haben Sie Fieber?

AM: Fieber habe ich, glaube ich, ja, und ein bißchen Husten.
Frau Doktor Braun: Husten. Und haben Sie Schnupfen und Halsweh?
AM: Halsweh habe ich.
Frau Doktor Braun: Ja. Da muß ich Sie jetzt untersuchen und Ihren Puls messen . . . Aha. Da werde ich Ihnen jetzt etwas aufschreiben. Das sind Tabletten. Die nehmen Sie dreimal am Tag vor dem Essen. Mit diesem Rezept gehen Sie jetzt in die Apotheke. Wissen Sie, wo die nächste Apotheke ist?
AM: Ja, danke. Das weiß ich.
Frau Doktor Braun: Gut. Wenn es nicht besser wird, dann kommen Sie in drei bis vier Tagen noch einmal zu mir. Auf Wiedersehen!
AM: Auf Wiedersehen, Frau Doktor. Danke schön.

11 Schule und Ausbildung

Sixthformers

AM: Ihr seid nicht von hier?
Bernd: Nein, wir sind aus dem Westerwald.
AM: Was macht ihr hier?
Karl: Eine Studienfahrt nennt man dat[1] wohl! Eine Woche sind wir hier.
AM: Was ist das für eine Schule?
Bernd: Das ist ein altsprachliches Gymnasium und wir besuchen dort die 13. Klasse, also die Abiturklasse.
AM: Hast du (das) Abitur schon hinter dir?
Bernd: Nein, nein. Erst nächstes Jahr.
AM: Welche Fächer machst du?
Bernd: Also ich habe als Leistungskurse Mathematik, Geschichte und Biologie.
AM: Was gefällt dir am besten von den dreien?
Bernd: Geschichte.
AM: Warum?
Bernd: Es ist interessant . . . wie . . . die anderen Völker früher gelebt haben und so. Überhaupt die ganze Entwicklung der Menschheit interessiert mich sehr.
AM: Und wie ist der Geschichtslehrer?
Bernd: Es ist ein guter Geschichtslehrer. Doch, wirklich. Er ist mir sehr sympathisch.
AM: Was willst du später machen?
Bernd: Ja, ich weiß noch nicht. Ich würd' gern auf eine Bank, Bankkaufmann werden, aber (es) ist noch nicht ganz sicher.
AM: Und was machst du? Du machst auch Abitur, ja?
Nils: Ja, auch nächstes Jahr im Frühjahr.
AM: Und was sind deine Fächer?
Nils: Deutsch, Geschichte und Biologie.
AM: Und deine Lieblingssache – dein Lieblingsfach?
Nils: Deutsch und Biologie. Beides.

---

[1] 'dat' = 'das'

AM: Was willst du später werden?

Nils: Nach dem Abitur möchte ich eine Banklehre machen und danach Jura studieren.

AM: Jura, das ist schwer, das dauert lang.

Nils: Ja, ungefähr zehn Jahre, bis man fertig ist.

AM: Zehn Jahre – wer zahlt das?

Nils: Meine Eltern . . . Äh, es gibt schon eine Beihilfe, aber ich falle da nicht mehr drunter.

AM: Na ja. Gibt's viel Sport an eurer Schule?

Bernd: Ja, es gibt bei uns sehr viel Sport . . . ab der Oberstufe gibt es verschiedene Neigungsgruppen, die man dann wählen kann, da gibt es etwa sechs oder sieben verschiedene Gruppen. Zum Beispiel Volleyball, Basketball, Handball, Tischtennis, Schwimmen – äh, für die Mädchen auch Tanzen, Gymnastik. Und nebenbei gibt's dann auch in der Freizeit verschiedene AGs, die mit Sport zu tun haben.

AM: AGs . . . Was heißt das, 'AGs'? Was heißt das, 'AGs'?

Bernd: AG ist die Abkürzung für, äh, Arbeitsgemeinschaft. Da sind also . . . ist eine, auf freiwilliger Basis . . . treffen sich dann Lehrkörper und dann verschiedene Schüler und machen dann zusammen Sport oder andere Sachen, wie zum Beispiel Photographie, Astronomie oder Laienspiel AG, Theateraufführung und so weiter.

A physics student

AM: Kai, warum hast du Physik studieren wollen?

Kai: Ja, ich hab' in der Schule sehr gerne Mathematik gemacht und wollte irgend etwas studieren, was mit Mathematik zu tun hat. Und da bin ich auf Physik gekommen, weil da eben Mathematik immer angewendet wird und man sehr viel zu rechnen hat. Das ist besser als ein Mathematikstudium, das ist viel trockener.

AM: Und was willst du später werden?

Kai: Das weiß ich noch nicht genau. Ich würde gerne irgendwo in der Forschung arbeiten, vielleicht in einem Labor in der Industrie, vielleicht auch an der Universität. In Hamburg gibt es ein sehr berühmtes Institut. Das Deutsche Elektronensynchrotron. Dort wird Grundlagenforschung gemacht, und das wäre schon sehr spannend.

AM: War Physik dein Lieblingsfach in der Schule?

Kai: Nein, das kann man eigentlich nicht sagen. Da bin ich erst später draufgekommen.

AM: Was für Unterschiede findest du zwischen Schule und Uni?

Kai: Man ist an der Universität viel mehr auf sich selbst gestellt, in der Schule wird einem ständig gesagt, was man zu lernen hat, was wichtig ist und wie man es aufzunehmen hat, an der Universität bleibt man völlig sich selbst überlassen.

Two apprentice electricians

AM: Sie machen hier Campingurlaub, ja?

Karl: Ja richtig, ja.

AM: Wann sind Sie angekommen?

Karl: Das war am Dienstag.

AM: Am Dienstagabend?

Karl: Am Dienstagabend, ja, ja.

AM: Woher kommen Sie?

Karl: Wir kommen jetzt aus Dortmund. Das ist also in Nordrhein-Westphalen.

AM: Das ist g a n z anders wie hier[1]! Und gefällt's Ihnen hier?

Karl: Ja, sicher, klar. Hier ist auch was ganz anders für uns, natürlich, als bei uns in Dortmund.

AM: Wie sieht's aus in Dortmund?

Karl: Ja, ha ha, da ist also, so, mehr so Zechensiedlung und so was, und Zechen, also Kohlebergwerke und, äh, Stahlbergwerke und das ist bei uns sehr stark vertreten. Und das gibt's hier natürlich nicht so oft.

AM: Gehen Sie noch zur Schule?

Karl: Nein, ich, mach' eine Lehre als Elektriker.

AM: Ja . . . wieso haben Sie den Beruf gewählt?

Karl: Tja, das ist so eine Sache, bei uns in Dortmund da herrscht also auch stärkerer Arbeitsmangel, und auch – besonders in der – eben auf dem Lehrmarkt, und da kann man sich nicht immer gerade das aussuchen, was man auch besonders möchte, oder so, aber es gefällt mir ganz gut so.

* * *

AM: Gehen Sie noch zur Schule?

Hans: Nein.

AM: Was machen Sie jetzt?

Hans: Ich mache eine Ausbildung als Elektriker.

AM: Und was braucht man, um diese Ausbildung zu machen?

Hans: Also, schulisch gesehen? Also, man braucht 'nen Hauptschulabschluß, und man muß dann dreieinhalb Jahre lernen. Dreieinhalb Jahre ist die Ausbildung. Und je nachdem, wie gut man ist, man kann auch drei Jahre machen oder wenn man Abitur hat, kann man vielleicht ein Jahr verkürzen. Aber es geht nur im Extremfall.

AM: Und wie sind die Zukunftsaussichten bei dem Beruf?

Hans: Ach, die sind nicht so gut. Also, von der Übernahme, also, wenn ich jetzt angelernt hab', es sind vielleicht fünf bis zehn Prozent, würd' ich schätzen. Und deswegen will ich auch noch danach . . . danach noch studieren, Elektrotechnik. Versuchen jedenfalls.

AM: Wie sieht bei Ihnen der Alltag aus?

Hans: Tja, ich fange um sieben an zu arbeiten, und hör ich um sechzehn Uhr auf. Und Freitag geht's bis dreizehn Uhr. Und dann hab' ich – weil ich eine eigene Wohnung hab' – dann muß ich meine eigenen Sachen machen, also waschen, staubsaugen und Wohnung aufräumen.

85

[1] This should say: 'als hier.'

12 Die lieben Nachbarn

East Berlin

AM: Waren Sie mal in Ostberlin?
Udo: Ja, war ich.
AM: Wie sieht's dort aus?
Udo: Da sieht's eigentlich aus wie im restlichen Berlin. Das ist genauso alles: ziemlich alte Häuser, hergerichtet. Und sonst sind die Leute – die haben auch, soweit man's ansehen hat können, ihren Spaß am Leben. Und die leben eigentlich wahrscheinlich auch nicht recht viel anders als in Deutschland. Sie haben natürlich sicherlich weniger Gehalt, aber dafür ist da drüben ja auch alles das, was wirklich wichtig ist, wesentlich billiger.
AM: Finden Sie es richtig, daß Deutschland geteilt ist?
Udo: Richtig find' ich's nicht. Aber was kann man da jetzt momentan groß dagegen machen? Man kann versuchen, daß man die beiden Staaten . . . daß sich die beiden deutschen Staaten nähern. Aber mehr sehe ich momentan . . . hab' ich nicht in Aussicht.
AM: Ist viel Kontakt zwischen Ostdeutschland und Westdeutschland?
Udo: Politisch, äh, schätz' ich, ist sehr großer Meinungsaustausch vorhanden. Wie das privat steht, das kann ich nicht sagen. Ich hab' keine Verwandten in Ostberlin.
AM: Ah ja.
Udo: Mir hat's in Ostberlin auch sehr gefallen. Der – den Funkturm, den die drüben haben. Da wenn man von Westberlin 'nüberschaut, da hat der . . . in der Kuppel oben ist ei(n) Kreuz. Wenn das . . . Da spiegelt sich von der Sonne ei(n) Kreuz. Und das ist allein schon, muß man sagen, doch ei(n) ziemliches Wunderwerk. Noch dazu die Höhe, wo[1] er hat. Ist ja höher als der Olympiaturm in München. Und man kann der DDR durchaus auch nicht vorwerfen, daß die Technik irgendwie hinterblieben wär. Die, find' ich, ist durchaus auf demselben Stand wie im[2] restlichen Bundesrepublik.

A foreign student

AM: Wie heißen Sie?
Hossein: Ich heiße Hossein.
AM: Ja, und woher kommen Sie?
Hossein: Ich komme aus Persien.[3]
AM: Und wie ist das, als Gastarbeiter hier in München zu arbeiten . . . wird man diskriminiert? Wie ist das?
Hossein: Ich bin kein Gastarbeiter! Ich kam nach Deutschland und ich wollte studieren. Ich mache jetzt Augenoptiker. Und am Wochenende mach' ich nebenbei diesen Fahrradverleih, hier im Englisch[4] Garten. Aber (es) is(t) egal, als Ausländer is(t) egal, ob man Gastarbeiter ist oder nicht, man hat schon manchmal Probleme.
AM: Was, zum Beispiel?
Hossein: Ja, überall. Man muß einfach – äh, sich einfach durchsetzen. Und es ist schwierig mit Leute(n). Die haben nicht so . . . Wir müssen die verstehen. Die versuchen nicht oft, uns zu verstehen.

13 Typisch! Oder?

Thrifty or tight-fisted

AM: Sie sind aus Schwaben, oder?
Gerhard: Ja, wir kommen aus Stuttgart.
AM: Den Schwaben sagt man nach, die seien sparsam, stimmt das?
Gerhard: Ja, sie sind sparsam, aber nicht geizig, ha ha.
Marlies: Ich glaube, ja, nicht, daß sie . . . daß sie sparsamer sind als irgendwelche andere Leute . . .
Gerhard: Ja, es ist äh, es ist ein Vorurteil . . . es ist immer etwas Richtiges dabei, bei solchen Meinungen . . . äh . . . aber es wird etwas übertrieben. Wir sind nicht so sparsam . . . äh, wir kommen auch zum Beispiel hier nach München und geben dann hier in München unser Geld aus!

Stereotypes

AM: Kai, du wohnst in Hamburg, nicht, und bist jetzt in München auf Besuch. Siehst du da ein(en) Kontrast zwischen den beiden Städten?
Kai: Oh ja, sehr, eigentlich. Hamburg ist, äh, zwar fast genauso groß wie München. Aber München lebt einfach von den Touristen. In Hamburg gibt es hauptsächlich Hamburger, und die Leute sind Kaufleute. Sie sind sehr ruhig, eher zurückhaltend.
Das entspricht ein wenig dem Klischee von den Norddeutschen.
AM: Was für ein Klischee – was sagt man von den Norddeutschen?
Kai: Man sagt, daß sie sehr schwer zu gewinnen sind. Daß sie sehr zurückhaltend sind, sehr kühl und sehr fremd, einfach, zu . . . zu Neuankömmlingen.
AM: Und stimmt das?
Kai: Ich finde nicht. Ich persönlich glaube, daß ich mich nicht so verhalte. Aber ich kann mir vorstellen, daß es ein Süddeutscher oder ein Rheinländer, die auch sehr gesellig sind, wenn die nach Hamburg kommen, für die ist es vielleicht manchmal etwas schwierig, Kontakt zu finden. Ich kann mir das schon vorstellen.
AM: Und die Rheinländer sind gesellig, ja?
Kai: Ja, ich glaube schon. Die sind sehr schnell mit jedem per du und sind freundlich und ich denke, ein wenig unkritisch auch. Der Hamburger

---

[1] 'wo' (*dialect*) = 'die' (*which*)   [3] 'Persien' = Iran
[2] This should be: 'in der'.   [4] This should be: 'Englischen.'

hält sich zurück, guckt erstmal: „Nanu, was ist das für einer?" Und dann, wenn er ihm gefällt, dann kann es eine sehr gute Freundschaft werden.
AM: Und wie sind die Bayern?
Kai: Das kann ich kaum sagen, ich bin erst ein paar Tage hier in München. Ich glaube, sie sind ein wenig wie die Rheinländer. Den typischen Bayer stellt man sich immer so mit Lederhose und mit 'Sepplhut' da, und 'ne ordentliche Maß Bier in der Hand.' Und ich denke, in – auf dem Land in Bayern sind auch wirklich viele noch diesem Klischee entsprechend.

A difficult question!

AM: Aber was ist jetzt 'typisch deutsch'?
Udo: Tja! Das ist schwer zum[1] sagen! Also, für mich als Bayern . . . Ich stell' mir vor, 'typisch deutsch' ist, sei(n) Heim haben, Frau haben, Kinder haben, sei(ne) Arbeit haben . . . was sehr wichtig ist für ein(en) typisch deutschen Menschen.
Und seinen Hobbys und seinem Vergnügen nachgehen.

* * *

AM: 'Typisch deutsch' – kann man das sagen?
Stefan: Huh, ja, äh, 'typisch deutsch' ist vielleicht, daß der Deutsche nach dem Dritten Reich, äh, nach der Nationalsozialismus . . .äh, Zeit, halt die Möglichkeit hatte, sich neu zu entdecken, und . . . einen neuen Anfang zu suchen. Und das typisch Deutsche ist vielleicht heute, daß der Deutsche versucht, sehr tolerant zu sein, daß er doch sehr schnell aus dem Nichts aufbauen kann und auch sehr ehrgeizig ist.

14 So geht's nicht!

Anti-nuclear demonstrations

A POLICEMAN'S VIEWPOINT

AM: Jetzt . . . es werden Proteste gemacht – es wird demonstriert. Hast du damit etwas zu tun gehabt?
Manfred: Ja, da war ich schon öfters. Sie spielen wahrscheinlich auf Wackersdorf an, ja. Da war ich schon drei Wochen lang oben.
AM: Jetzt wo ich Demonstrationen erwähnt habe, dann heißt es plötzlich wieder 'Sie', ja?
Manfred: Ja, das ist klar. Das ist ein schwieriges Thema, zur Zeit.
AM: Äh, und äh, was sind deine Erlebnisse mit Demonstrationen?
Manfred: Ja, ganz allgemein gesagt, die Demonstrationen sind eigentlich schon gut, weil, warum soll man nicht demonstrieren? Jeder hat ei(ne) gewisse Meinung und die soll er auch

vertreten, finde ich. Deshalb sind wir in einer Demokratie. Aber schlecht ist, daß sich viele Randgruppen dann so Demonstrationen zum Anlaß nehmen, um ihre Aggressionen loszubringen – und das ist s e h r schwierig. Da alle, die nichts damit zu tun haben wollen – mit Krawall und so – die büßen darunter, daß solche Typen dabei sind. Und es werden immer mehr, die kommen also von überall her. Ich hab' also Amerikaner festgenommen in Wackersdorf, also so ist nicht. Es sind also ganz wilde Typen dabei.
AM: Naja.

A MEMBER OF THE PUBLIC

AM: Waren Sie bei irgendeiner Demonstration dabei?
Uschi: Ja, ich war erst vor kurzem zu Pfingsten in Wackersdorf. Das ist gegen die Atomanlage, die dort gebaut werden soll. Und da gab es ganz schwere Ausschreitungen von seiten der Polizei und von seiten der Bevölkerung. Die haben sich geprügelt, und Chaoten haben versucht, den Zaun zu zerstören. Die Polizei hatte mit Tränengaseinsatz und Wasserwerfern geantwortet, und das endete in einem allgemeinen Bürgerkrieg.
AM: Finden Sie es richtig, daß man protestiert?
Uschi: Die – den Proteste finde ich sehr richtig. Proteste finde ich gut, aber ich finde es nicht gut, daß man mit Gewaltmaßnahmen versucht, seinen Forderungen Nachdruck zu verleihen. Ich bin immer noch der Meinung, friedlicher Protest müßte genügen!

FROM A DISTANCE

AM: Werner, du lebst eine Weile in München. Hast du da etwas von den Demonstrationen mitbekommen?
Werner: Von welchen Demonstrationen?
AM: Ja, ich hab' über Wackersdorf gelesen, über Proteste gegen Raketen.
Werner: Ja, diese Demonstrationen krieg' ich nur über Fernsehen mit.
AM: Und selbst hast gar nichts mitbekommen (da)von?
Werner: Ich gehe nie zu Demonstrationen.
AM: Und warum nicht?
Werner: Äh, weil mir diese massenhaften Aufläufe . . . die mag ich nicht.
AM: Ja, und . . . es gibt aber schon sehr viele Leute, die es machen. Ich hab' gelesen, da waren sechstausend Polizisten und Tausende von Zuschauern bei der letzten Demonstration in Wackersdorf. Da engagiert sich der Deutsche scheinbar sehr.
Werner: Ja, wir . . . Ich nehme an, daß das aus (ei)ner sehr starken Betroffenheit kommt, von dem letzten Reaktorunglück. Und ich glaube auch, daß es eine Berechtigung hat, diese Demonstration. Aber für mich selber ist es keine Form, zu protestieren.

87

---

[1] 'zum' (*dialect*) = 'zu'

15   Arbeit und Alltag

Community service

AM: Was machen Sie hier?

Johannes: Ich bin hier Zivildienstleistender in diesem Haus, und muß, äh, hier unten in der Bar arbeiten. Ich gebe die Getränke aus, mach' die Musik hier, und das ist eigentlich die Hauptaufgabe, die ich hier im Haus mach'.

AM: Was heißt Zivildienst?

Johannes: Em, Zivildienst ist die andere Möglichkeit, die das Gesetz gegeben hat, äh, daß man halt nicht zur Bundeswehr muß. Man kann es sich aussuchen. Äh, ich mußte eine Begründung schreiben, warum ich nicht zur Bundeswehr gehen wollte. Und von daher bin ich als Zivildienstleistender anerkannt, durfte mir dann hier diese Stelle aussuchen. Und äh, na, mach' halt jetzt diese Arbeit hier.
Es macht sehr viel Spaß hier, mit den Leuten umzugehen, mit den Leuten Kontakt zu bekommen. Gerade – besonders – mit den ausländischen Gruppen, die hier im Haus arbeiten. Es ist sehr interessant. Ich lerne selber dabei ein bißchen Englisch mehr oder – frisch' mein Englisch auch dabei auf, wenn ich mit Amerikanern und Engländern zu tun hab'. Und, em, na ja, es ist eine sehr schöne Sache, daß . . . die Musik auflegen und so weiter, ist für mich auch sehr schön, da ich selber auch Musik mache. Ja, ich spiele also selber Schlagzeug mit zwei Freunden zusammen. Noch ein Baß und eine Gitarre. Und wir machen halt diese Samba, lateinamerikanische Musik. Es soll etwas populär auch sein, tanzbar. Wir sind gerad(e) dabei, ein Programm zu erarbeiten, und äh, wenn das steht, werden wir im nächsten Jahr nach Tunesien fahren und in einigen Hotels spielen. Das ist schon fest.

Routine questions . . .

AM: Wie sieht dein Alltag aus?

Jens: Mein Alltag sieht eigentlich aus wie jeder Alltag, den ein normaler Arbeiter oder Angestellter hat. Ich stehe morgens auf – um halb sieben, mache die normale Waschprozedur im Bad: Zähne putzen, waschen – zieh' mich an, frühstücke – fahre mit der Bahn in mein Geschäft – arbeite dort, hab' während der Arbeitszeit Mittagspause, Frühstückspause – arbeite bis halb fünf. Dann fahre ich wieder nach Hause, zieh' mich um – ich muß den Schlips ablegen, den ich in der Bank tragen muß – zieh' etwas lockere Klamotten an, und dann je nach Wetter und je nach Verabredung unternehm' ich dann am Abend etwas, fahre in die Stadt – oder treffe mich mit anderen Leuten bei mir zu Hause, so daß also der Tag sehr schnell und meistens gut genutzt zu Ende geht.

Working abroad

AM: Arbeiten Sie hier lange im Jugendgästehaus?

Brigitte: Mmm, ich arbeite hier seit, äh, März diesen Jahres hier im Jugendgästehaus. Ich hab' allerdings schon vor vier Jahren ein Jahr hier gearbeitet und bin dann weggegangen, weil ich gerne nach Amerika wollte.

AM: Ist das Leben in Amerika anders als hier?

Brigitte: Ja, auf jeden Fall. Also ich bin in verschiedenen Staaten in Amerika gewesen. Ich würde natürlich gerne dort arbeiten, aber ohne Arbeitsgenehmigung geht es leider dort nicht. Und als ich da nach München zurückgekommen bin, war's für mich die beste Möglichkeit, wieder hier zu arbeiten, weil ich eben dann auch sehr viel mit Amerikanern, Australiern und, äh, Japanern zu tun hab'. Und es macht mir sehr viel Spaß. Es ist natürlich auch ziemlich – äh, etwas Routine. Man muß die Schlüssel entgegennehmen. Man muß immer Schlüssel ausgeben, den Tagesplan machen. Äh, man muß oft immer die gleichen –äh, Fragen beantworten. Aber im Endeffekt macht es schon Spaß.

AM: Haben Sie eine besondere Ausbildung gehabt?

Brigitte: Ja, ich bin, äh, in die Touristikfachschule gegangen. Die ist, glaube ich, nicht unbedingt nötig. Die anderen Kolleginnen, die haben alle eine Ausbildung als Hotelfachfrau. Die hab' ich allerdings nicht. Ich bin auch in eine Dolmetscherschule gegangen und hab' mich eben entschieden, da ich nicht nur im Büro arbeiten möchte und übersetzen möchte, hier im Hotel zu arbeiten. Und hier ist alles ziemlich locker. Man kann Radio hören. Man hat eben mit sehr vielen jungen Leuten zu tun.

AM: Haben Sie ein Zimmer hier im Haus?

Brigitte: Nein, nein. Glücklicherweise nicht. Ich wohne hier am Elizabethplatz und kann jeden Tag zur Arbeit laufen. Es sind ungefähr fünfzehn Minuten. Ich hab' dort eine Dreizimmerwohnung mit meiner Schwester zusammen. Und die ist noch ziemlich karg, da ich erst im März aus Amerika zurückgekommen bin.

AM: Was heißt „karg"?

Brigitte: Ja, nur die – das Notwendigste, eben. Ein Bett, ein Schrank und viele Pflanzen und eine Stereoanlage.

AM: Wie ist Ihre Schwester?

Brigitte: Wie meine Schwester ist? Die ist schon anders als ich. Sie hat auch einen ganz anderen Beruf, und sie ist vor allen Dingen auch etwas älter als ich. Sie ist, äh, Filialleiterin in einem Geschäft in der Innenstadt. Ich möchte nicht immer in der gleichen Stadt arbeiten. Sie zum Beispiel ist die ganze Zeit hiergeblieben. Mir macht es Spaß zu reisen und in anderen Ländern zu leben. Das ist der Unterschied.

A long day

AM: Gerda, was machst du beruflich?
Gerda: Ich bin Sekretärin. Ich hab' zwar Groß-und Außenhandelskaufmann gelernt, aber im Moment bin ich als Sekretärin beschäftigt.
AM: Und wo?
Gerda: Das ist a[1] Baustoffgroßhandlung. Direkt am anderen Ende von München in Pasing. So ist's jeden Tag eine rechte Fahrerei. In der Früh' a Stund', auf die Nacht a Stund'.
Aber sonst geht's eigentlich.
AM: Wann stehst du immer auf?
Gerda: Um halb sechs.
AM: Das ist früh.
Gerda: Und um sechs Uhr abends bin ich dann zu Hause . . . Es ist dreiviertel sechs!
AM: Was machst du normalerweise um dreiviertel sechs abends?
Gerda: Äh, ja, da bin ich gerade noch unterwegs, um sechs Uhr bin ich dann zu Hause, und dann – na ja, normalerweise tu' ich da, fange ich dann an zum Kochen. Dann essen wir und dann bei schönem Wetter gehen wir in den Biergarten oder a bisserl[2] spazieren, oder sowie heut' tat'n[3] wir mal radlfahren.[4]
AM: Wie sieht's bei dir zu Hause aus?
Gerda: Ha, wie in jeder normalen Wohnung!
AM: Ja, und wie ist denn das?
Gerda: Ja, das ist ein Zweifamilienhaus, und da haben wir den oberen[5] Stockwerk. Das sind vier Zimmer, ganz normal, mit . . . mit Toilette und Küche . . .
AM: Wohnzimmer, Schlafzimmer . . .
Gerda: Alles, genau – und zwei Kinderzimmer, die wir aber noch nicht brauchen!
AM: Habt ihr Haustiere?
Gerda: Nein, keine, weil wir beide ja berufstätig san,[6] und da ist also, haben wir gesagt, für 'nen Hund ist es sowieso nichts und ei(ne) Katze . . . na ja . . .
AM: Das stimmt auch.

16 Freizeit und Fernsehen

Television

AM: Marlies, sehen Sie viel fern?
Marlies: Nein, ich sehe eigentlich recht wenig fern. Ich gehe eben lieber . . . Ich mach' lieber etwas anderes, zum Beispiel, äh, ins Theater gehen, Kino, Ausstellungen anschauen, oder, ja, Sport, ja, Sport mach' ich auch sehr viel am Abend.
Gerhard: Ich sehe auch nicht sehr viel fern. Ich schaue mir, äh, die Nachrichten an. Ich schaue mir auch meistens Sport an. Vor allem, wenn Fußballspiele kommen! Äh, ansonsten schau' ich mir höchstens noch alte amerikanische Spielfilme an. Mit Humphrey Bogart oder Robert Mitchum oder ähnlichen Schauspielern.

---

[1] 'eine'
[2] 'ein bißchen'
[3] 'tun'
[4] 'radfahren'
[5] This should be: 'das obere'.
[6] 'sind'

Leisure pursuits

ERNA UND MANFRED

AM: Erna, wie lange wohnen Sie jetzt in München?
Erna: Ich wohne seit zirka zehn Jahren in München.
AM: Ja, und gefällt's Ihnen?
Erna: Sehr gut!
AM: Was kann man hier alles machen?
Erna: Äh, alle möglichen Aktivitäten, Freizeitaktivitäten. Von Schwimmen über Tennis, Jogging, Squashen. Äh, dann abends weggehen. Freizeit ist also schön zu gestalten hier.
AM: Ja, und was machen Sie am Wochenende meistens?
Erna: Am Wochenende, wenn es schön ist, entweder bin ich beim Baden oder ich bin mit Freunden aus, oder im Kino, oder treffen wir uns privat . . .

* * *

AM: Manfred, was machst (du) in der Freizeit?
Manfred: Ja, radfahren, fortgehen abends, Squash spielen . . .
AM: Bist also sehr sportlich?
Manfred: Ja, es geht schon. Das bringt der Beruf mit sich.
AM: Was machst du von Beruf?[1]
Manfred: Ich bin Polizeibeamter.
AM: Oh, je, da hab' ich den Richtigen gefragt!
Manfred: Ja!

JENS

AM: Was sind deine Hobbys?
Jens: Oh, ich habe ungewöhnliche Hobbys eigentlich für mein Alter und für meine Jugend. Das heißt, ich interessiere mich für klassische Musik, für Oper, vor allen Dingen – gehe sehr häufig auch ins Theater und genieße auch eben diese vorgenannten Hobbys. Und das macht mir sehr viel Spaß. Ich sammele auch Schallplatten, höre viel Musik, und fahre auch gern Fahrrad. Das sind eigentlich die Hobbys, die ich sehr gerne mache in der Freizeit, weil ich eben immer beschäftigt bin und sehr viel auch unternehmen kann.

Fernsehen: Muß das sein?

FÜR MICH, SCHON!

AM: Sehen Sie viel fern?
Stefan: Ja, fast jeden Tag. Zehn bis zwölf Stunden! Manchmal sogar vierzehn!
AM: Wieso das?
Stefan: Ja, ich arbeite zufällig da. Und da muß man viel gucken. Äh, ich entwickele Sendungen, entwickele Ideen für Sendungen, konzipiere die

---

[1] It is better to say: 'Was machst du *beruflich*?'

Sendungen und mache Regie bei den Sendungen. In erster Linie Unterhaltungssendungen. Mit Sketchen. Teilweise auch Filme, über gewisse Themen. Es ist sehr breit gespannt. Früher hab' ich Spielfilme gemacht, sehr viel. Aber da war ich noch Regieassistent.

AM: Fernsehen – muß das sein?

Stefan: Ja, für mich schon, ich leb' schließlich davon! Gut finde ich am Fernsehen, daß man Informationen aus der ganzen Welt bildhaft sehr schnell und sehr aktuell sehen kann. Daß man zum Beispiel eine Eröffnung eines neuen Museums in Düsseldorf oder in Hamburg hier in München am gleichen Tag noch sehen kann, ohne hinzufahren. Das ist für mich eine große Aufgabe des Fernsehens, was nur das Fernsehen leisten kann – keine Zeitung, kein Buch, kein gar nichts.

NICHT UNBEDINGT ERFORDERLICH!

AM: Was hältst du eigentlich vom Fernsehen?

Jens: Oh, ich bin ein absoluter Mensch, der sehr wenig fernsieht. Ich habe so wenig Freizeit für diese Beschäftigung noch übrig, daß eigentlich die Möglichkeit noch gar nicht da ist fernzusehen. Ich bin der Meinung, daß das Angebot vom Fernsehen her doch relativ weit gefächert ist, das heißt: Für Jugendliche gibt es Sendungen, für die Älteren gibt es auch genug Sendungen, und für das Alter dazwischen ist das Angebot auch sehr gut. Nur, wenn man als Jugendlicher in der Freizeit viel vorhat und Freunde hat, dann ist es nicht unbedingt erforderlich, daß man viel fernsieht. Sondern ich finde es wichtiger, daß man den Kontakt mit Jugendlichen, mit Freunden pflegt, und nur, wenn wirklich absolute Stille beziehungsweise Langeweile herrscht, daß man dann fernsehen sollte. Es sei denn, es geht um aktuelle Information, um die Nachrichten. So etwas schau' ich mir immer an, weil das doch von Bedeutung ist und man immer informiert sein will.

Je nach Wetter

AM: Was machst du in der Freizeit?

Kai: Je nach Wetter, muß ich sagen. Im Sommer, wenn es schön ist, spiel' ich ganz gern ein bißchen Tennis. Äh, wenn es regnet – und das ist in Norddeutschland, wo ich wohne, leider sehr oft der Fall, sitze ich gerne einfach ruhig vor dem Fernseher oder lese ein Buch. Das ist meine Freizeit.

AM: Was hältst du vom Fernsehen?

Kai: Ich finde eigentlich, es ist eine ganz gute Freizeitbeschäftigung, wenn man es richtig zu nutzen weiß. Man darf natürlich nicht immer davorhängen und alles und jedes einfach kritiklos in sich hineinsehen. Aber, wenn man ein bißchen aussucht und ganz gezielt einzelne Sendungen ansieht, kann es eine sehr abwechslungsreiche Unterhaltung sein.

AM: Was siehst du am liebsten?

Kai: Ich sehe am liebsten alte, amerikanische Spielfilme oder auch alte deutsche Spielfilme.

AM: Gehst du mal ins Kino?

Kai: In letzter Zeit wieder mehr, ja. Obwohl ich finde, daß im Kino sehr viele uninteressante und langweilige Filme gezeigt werden, die nur Brutalität zeigen oder irgendwelchen Quatsch machen, ohne daß Sinn dahintersteckt.

17 Abends ausgehen

At the cinema

AM: Welche Filme laufen heute?

Uschi: Heute abend gibt es die 'Rocky Horror Picture Show', 'Blues Brothers', 'Die Zeit nach Mitternacht'. Oder im anderen Kino: 'A Chorus Line', 'Einer flog über das Kuckucksnest' und 'White Nights'.

AM: 'White Nights' – worum geht das?

Uschi: 'White Nights' ist ein Tanzfilm. Der erzählt die Geschichte eines jungen Tänzers, der aus seiner Heimat flüchtet, weil er mit dem Regime nicht einverstanden ist. Dazwischen passieren sehr viele schöne Tanzszenen und klassische Opern.

AM: Wann fängt das an?

Uschi: Das fängt um achtzehn Uhr dreißig an. Wir spielen heute nur in Deutsch und in Stereo.

AM: Und wann ist die Vorstellung aus?

Uschi: Etwa zwei Stunden später. Der Preis ist einheitlich zehn Mark auf allen Plätzen.

Making a date

Kerstin: Du, ich hab' den ganzen Tag noch nichts gegessen. Hast du Lust, 'n Kaffee trinken zu gehen?

Arno: Ja, unbedingt! Wo schlägst du denn vor, daß wir hingehen?

Kerstin: Gleich gegenüber, ins Filmcafé.

Arno: Warum nicht? Da war ich noch nicht. Aber das sieht nett aus, von außen.

Kerstin: Dann wirst du es kennenlernen von innen! Also, gehen wir!

Arno: Okay.

* * *

Peter: Grüß dich! Wie geht's dir denn?

Helga: Grüß dich. Mir geht's gut.

Peter: Wollen wir ins Kino gehen? 'Jenseits von Afrika' läuft heut'.

Helga: Diesen habe ich schon gesehen.

Peter: Dann . . . laß uns noch ein Bier trinken gehen, huh?

* * *

Udo: Hallo, Uschi.

Uschi: Hallo, was machst du hier?

Udo: Oh Mann, ich mach' eigentlich nichts, ich muß jetzt gleich wieder weiter.

Uschi: Das ist aber kurz. Hast du nicht Lust, 'nen Kaffee mit trinken zu gehen?

Udo: Oh Mann, jetzt geht das nit.[1] Hast heut' abends[2] Zeit?

Uschi: Wann?

Udo: Äh, siebene?[3]

Uschi: Gut, warum nicht? Gehen wir 'rauf in die Melodie?

Udo: Ja, klar. Treffen wir uns um sieben in der Melodie.

At the theatre

Arno: Guten Abend. Bin ich hier richtig im Theater 44?

Kerstin: Ja, das sind Sie. Sie wünschen?

Arno: Was spielen Sie denn, bitte schön, heute abend?

Kerstin: Wir spielen heute abend „die Möwe" von Czechow.

Arno: Oh, von Czechow. Ja, dann sagen Sie mir doch gerad(e), was die Karten kosten bei Ihnen?

Kerstin: Die Karten kosten zwanzig, achtzehn, sechzehn Mark und für Studenten zehn Mark.

Arno: Und wann beginnt das Stück, bitte?

Kerstin: Die Vorstellung beginnt um zwanzig Uhr dreißig.

Arno: Haben Sie denn noch einen guten Platz für mich?

Kerstin: Das kommt darauf an, was Sie haben wollen! Für zwanzig oder . . .?

Arno: Ich würde gern vorn sitzen.

Kerstin: Ja, dann würde ich Ihnen eine Karte für zwanzig Mark empfehlen.

Arno: Bitte, geben Sie mir die.

Kerstin: Okay, zwanzig Mark, bitte. Möchten Sie ein Programmheft?

Arno: Ja, bitte.

* * *

Kerstin: Na, hat Ihnen die Vorstellung gut gefallen?

Arno: Leider nicht. Ich war etwas enttäuscht.

18 Feste

A traditional Christmas

AM: Was hältst du eigentlich von Weihnachten?

Jens: Ich halte Weihnachten persönlich für ein sehr schönes Fest. Weil vor allen Dingen zu diesen Tagen die Familie wieder zusammenkommt und ja, miteinander zusammmen sitzt, die gemütliche Atmosphäre genießt am Weihnachtsbaum, wenn die Lichter brennen. Und ich mein', es wird heutzutage zwar nicht selber mehr gesungen in den meisten Familien . . . aber die Musik, die Weihnachten gespielt wird, hat einen unwahrscheinlich schönen und besinnlichen Charakter, daß man die Zeit genießen kann. Vor allen Dingen, wenn draußen es schneit und kalt ist und man drinnen in der warmen Stube sitzt. Und, was ich auch sehr schön finde, den anderen Leuten eine Freude machen kann, in Form von Geschenken, Kleinigkeiten, Aufmerksamkeiten. Das find' ich an diesem Fest eben das Schöne daran.

Too much of a good thing!

AM: Was hältst du von Weihnachten?

Gerda: Ja, eigentlich nicht so viel, weil das ist immer so ei(n) Muß, daß man anderen Leuten Geschenke kaufen muß. Und oft weiß man schon gar nimmer, was man die Leut(e) alles kaufen soll. Weil's – immer Weihnachten und jedes Jahr Geburtstag, und jedes Mal kriegen sie was geschenkt. Und irgendwann gehen . . .gehen einem dann die Ideen aus, daß man also nimmer weiß, was man schenken soll!

AM: Und wie feiert ihr dann?

Gerda: Ja, meistens fahren wir erst einmal zu seinen Eltern oder zu meinen, und dann andersrum. Und überall werden dann die Geschenke ausgeteilt und Bussi Bussi, und so alles, was so dazu gehört, mit Weihnachtsbaum und – und Schmuck. Ja, es ist mal wieder ein Fest, wo sich dann mal alle sehen, weil so kommt man also oft auch nicht dazu, daß man mal die Verwandten wieder besucht.

AM: Und wie ist das Festessen, was eßt ihr dann immer?

Manfred: Oh, immer kann man nicht sagen. Da gibt's immer was anderes. Aber oftmals gibt's Gans oder einfach einen schönen Braten, den man auch nicht alle Tage macht, sondern auch nur an besonderen Feiertagen, so wie Weihnachten, mit sämtlichen Salaten dazu.

AM: Und was eßt ihr sonst immer gerne?

Manfred: Ich ess' gerne Fleisch und trink' gerne Bier dazu!

Peter: Ich finde, man hat im zwanzigsten Jahrhundert – äh, Weihnachten vollkommen im falschen Blickfeld, weil man hat irgendwie total vergessen, daß Weihnachten eigentlich die Geburt des Sohn Gottes darstellt.

Fun and fireworks

AM: Feiert man in München Karneval?

Hanni: Eigentlich heißt es erstmal 'Fasching', hier in München. Außerdem feiert man's nicht so wie in Köln oder Mainz so. Man gibt kein(en) Faschingszug hier. Sondern nur so Bälle. Ja, wo

[1] 'nicht'

[2] 'heute abend'

[3] 'um sieben'

man verkleidet hingeht. Da kriegt man auch immer ein Motto: entweder „Schwarz-Weiß" oder „Rot-Blau" muß man hingehen, sonst wird man nicht 'reingelassen. Oder römischer Ball oder irgendsowas.

AM: Ja, und wie ist es in Köln und Düsseldorf?

Hanni: Die machen da erstmal, äh, Züge noch dazu, die, äh, am Rosenmontag immer stattfinden. Und noch mehr Bälle als in München. Große.

AM: Also, Züge. Meinen Sie da Straßenzüge?

Hanni: Ja, schon. So mit Wagen, verschiedene(n) Gruppen und so weiter.

AM: Was machen Sie immer am Silvesterabend?

Hanni: Ja – man trifft sich mit Freunden und wartet, bis um zwölf(e). Da wird dann angestoßen und 'Gutes Neues Jahr' gewünscht. Und jeder nimmt sich 'nen Vorsatz, was er nächstes Jahr machen will. Und (dann) geht man auf die Straße, und Raketen und Kracher werden geschossen – und, daß das Neue Jahr eingeschossen wird.

What to wear?

Kerstin: Was soll ich denn auf die Party anziehen? Das rote Kleid oder die Seidenhose?

Arno: Nein, zieh mal das ziemlich kurze, leichte Sommerkleid an, was mir letzte Woche so gut gefallen hat.

Kerstin: Dieses Kleid habe ich fast jeden Tag an! Ich kann dieses Kleid nicht mehr sehen! Ich zieh' die Seidenhose an. Aber was zieh' ich für einen Pullover drüber?

Arno: Zieh keinen Pullover an – zieh eine Bluse dazu an! Die dunkelblaue, die gefällt mir ganz gut.

Kerstin: Die dunkelblaue Bluse paßt aber nicht zu der grauen Hose! Das sieht langweilig aus. Soll ich vielleicht das weiße Seidenhemd dazu anziehen?

Arno: Das weiße Seidenhemd ist gut, aber zieh dazu die gelbkarierte Hose an!

Kerstin: Für die gelbkarierte Hose bin ich zu dick! Ich hab' doch zugenommen! Also, ich muß die Seidenhose anziehen, ich zieh' das weiße Seidenhemd darüber – und du zieh bitte nicht deinen Overall an! Bitte nicht!

German-English vocabulary

This vocabulary supplements that given in the units and lists the more uncommon words. (*dial.* = dialect; *coll.* = colloquialism)

die **Abbildung** (-en), illustration
abkühlen, to cool down
die **Abkürzung** (-en), short form
die **Ablehnung** (-en), rejection
die **Abteilung** (-en), department
abwechslungsreich, full of variety
abziehen, to deduct
ähnlich, similar
allerdings, however
die **Allergie** (-n), allergy
alles und jedes, anything and everything
Altweibersommer, Indian summer
sich anbieten, to be on offer
andersrum, the other way round
angeschnitten, cut into
ankreuzen, to cross
anlernen, to train
die **Anmeldung** (-en), Reception
die **Annahmestelle** (-en), Reception, counter
anprobieren, to try on
anrufen, to telephone
anschauen, to look at
ansonsten, otherwise
anziehen, to attract
auf einmal, suddenly
auffrischen, to freshen up
der **Aufkleber** (-), sticker
die **Aufheiterung** (-en), cheering up
sich **aufhellen,** to brighten up
auflegen, to put/lay on
der **Aufschnitt,** sliced meats/sausage
der **Aufstieg** (-e), ascent
das **Arbeitsamt,** job centre
die **Arbeitsgemeinschaft** (-en), working party, society

die **Arbeitssuche,** search for work
der **Ärmel** (-), sleeve
der **Ausflug** (-ë), excursion
ausführen, to carry out
ausfüllen, to fill in (form)
ausgeben, to spend (money)
ausgenommen, except for
die **Auskunft** (-e), information
im Ausland, abroad
ausländisch, foreign
die **Ausnahme** (-n), exception
ausstellen auf (+ *acc.*), to make out to (*cheque*)
auszahlen, to pay out
die **Autorität** (-en), authority

der **Badesee** (-n), bathing lake
die **Baiserschale** (-n), meringue shell
der **Baß** (-sse), double bass
bauen, to build
Bauchschmerzen (*pl.*), stomach ache
die **Bedienung,** service
bedruckt, printed
sich **befassen mit,** to concern oneself with
sich **befinden,** to be situated
die **Begegnung** (-en), encounter
begehren, to desire
begrüßen, to greet
beilegen, to enclose
zum Beispiel, for example
belasten, to charge to (account)
sich **bemühen,** to take trouble, pains
benötigen, to need
benutzen, to use
der **Bereich** (-e), area
das **Bergwerk** (-e), mine, pit
beruflich, by profession

die **Berufsfachschule** (-n), full-time training college
berufstätig, employed
sich **beschäftigen mit,** to occupy oneself with
die **Beschreibung** (-en), description
besichtigen, to view
besitzen, to own
besuchen, to visit
bestellen, to order
bestimmt, certain, definite
bestrahlen, to irradiate
betreten, to enter
bevorzugt, preferred
bewegen, to move
die **Bewerbung** (-en), application
bezahlen, to pay
bezeichnen, to define
bitten, to ask, request
das **Blut,** blood
breit, broad
die **Brezel** (-n), pretzel
der **Brotaufstrich** (-e), sandwich spread
die **Brutalität** brutality
die **Buchung** (-en), booking
das **Bundesgebiet** Federal territory
die **Bundesrepublik,** Federal Republic of Germany
büßen to pay for

der **Chemiker** (-), chemist (scientist)

der **Dampfer** (-), steamer
darstellen, to portray, represent
decken, to cover
deshalb, therefore
diskriminieren, to discriminate against
dreimal, three times
dunkelblau, dark blue

eben, quite
das **Eigelb,** egg yolk
der **Eierlikör,** egg liqueur

93

der	**Eingang** (-̈e), entrance		**fördern,** to encourage, promote	der	**Grund** (-̈e), reason
	einheitlich, uniform (-ly)	die	**Förderstufe,** mixed-ability classes	die	**Gurke** (-n), cucumber
	einnehmen, to take (meals)	das	**Formblatt** (-̈er), form	das	**Gymnasium** (-ien), grammar school
	einpacken, to pack up		**freiwillig,** voluntarily	der	**Hagebuttentee,** rosehip tea
der	**Einsatz** (-̈e), use	die	**Freizeit,** free time	die	**Hälfte** (-n), half
	einteilen, to divide up	die	**Freundschaft** (-en), friendship	das	**Hallenbad** (-̈er), indoor pool
der	**Empfang** (-̈e), reception	der	**Friseur** (-e), hairdresser		**halten,** to hold
im	**Endeffekt,** in the end	die	**Frucht** (-̈e), fruit		**Halsschmerzen** (*pl.*), sore throat
die	**Endstation** (-en), terminus	der	**Frühling,** spring	das	**Halsweh** sore throat
	eng, narrow (-ly)	sich	**fühlen** to feel; **sich gut/ schlecht fühlen** to feel well/ill	der	**Haß,** hatred
	entcoffeiniert, decaffeinated			die	**Hauptaufgabe** (-n), main task
	entgegenkommend, obliging (-ly)	das	**Fundbüro** (-s), lost property office	das	**Hauptfach** (-̈er), main subject
	entgegennehmen, to accept, take in	der	**Funkturm** (-̈e), radio tower	die	**Hauptschule** (-n), secondary school (without sixth form)
	entscheiden, to decide	das	**Fußballspiel** (-e), football game	die	**Hauptstadt** (-̈e), capital city
die	**Entscheidung** (-en), decision	die	**Gabel** (-n), fork	die	**Haut** (-̈e), skin
	entspannt, relaxed		**ganz,** whole		**hautverträglich,** kind to the skin
	entsprechen (+ *dat.*), to correspond to		**gar nichts,** nothing at all	das	**Heimatmuseum** (-een), local, regional museum
die	**Entwertung,** cancellation	der	**Gast** (-̈e), guest		**hervorragend,** outstanding
die	**Erde** (-n), earth	die	**Gaudi** (*dial.,*) fun	das	**Herz** (-en), heart
das	**Erdgeschoß,** ground floor		**gebacken,** baked		**herzlich,** heartily
	erfinden, to invent		**geboren,** born		**hin und wieder,** now and then
	erinnern an (+ *acc.*), to remind of		**gebunden,** tied		**hinterlegen,** deposit
sich	**erkundigen,** to enquire	der	**Gegensatz** (-̈e), opposite	der	**Hinweis** (-e), tip, piece of advice
	erlaubt, allowed	der	**Gegenstand** (-̈e), object		
das	**Erlebnis,** (-nisse), experience	der	**Gefallen** , favour	die	**Komödie** (-n), comedy
	erreichen, to reach		**gehören** (+ *dat.*), to belong to		**kontaktfreudig,** sociable
	erst, not until, only just	das	**Gelände,** ground, territory	das	**Konto** (-s *or* Konten), account
	erstklassig, first class		**gelassen,** relaxed	der	**Kontrast** (-e), contrast
	ertragen, to bear	die	**Geldbörse** (-n), purse		**konzipieren,** to conceive (idea)
	etwa, somewhat		**gelten,** to be valid		**Kopfschmerzen** (*pl.*), headache
die	**Erzählung** (-en), story		**genannt,** called		**körperbehindert,** physically handicapped
	erziehen, to bring up, educate		**genügend,** enough, sufficient	der	**Kracher** (-), banger (*firework*)
der	**Eßlöffel** (-), tablespoon		**gesamt,** entire		**kreuz und quer,** in all directions
	eventuell, possibly	die	**Gesamtschule** (-n), comprehensive school		**kriegen,** to get
	ewig, forever, eternal		**geschält,** peeled	der	**Kuckuck** (-e), cuckoo
die	**Farbe,** (-n), colour		**gestellt: auf sich gestellt,** self-reliant	die	**Kurverwaltung** (-en), spa administration
	faul, lazy		**gestalten,** to form	die	**Kurzstrecke** (-n), short distance
das	**Fernsehen** (-), television		**gestern,** yesterday		
	fehlen, to be missing		**geöffnet,** opened		
	feiern, to celebrate		**gewiß,** opened		
	fest, fixed	das	**Gewitter** (-), thunderstorm		
die	**Festung** (-en), fortress		**glauben,** to believe		
	flach, flat		**gleich,** same, like		
der	**Flieger** (-), (*old-fashioned*), pilot		**glücklicherweise,** fortunately		
der	**Flug** (-̈e), flight	die	**Grippe,** influenza		

das **Lager** (-), camp
der **Landsmann** (-leute),
 fellow countryman
 lau mild
 läuten, to ring
die **Lederhose** (-n), leather
 trousers
die **Lehrkraft** (¨e), teacher
 leihen, to lend, borrow
die **Leihgebühr** (-en), hire
 charge
die **Leistung** (-en),
 performance,
 achievement
 lutschen, to suck

die **Marke** (-n), trade mark
 massenhaft, in large
 numbers, masses
die **Medien** (*pl*), media
das **Mehl,** flour
 meistens, mostly
der **Meister** (-), master
sich **melden,** to report
 mischen, to mix
 miteinander, together,
 with one another
 mitführen, to take along
der **Mitbürger** (-), fellow
 citizen
die **Mitte,** middle
das **Mittel** (-), remedy,
 means
 Mitternacht, midnight
die **Mode** (-en), fashion
 möglichst, if possible
der **Müllsack** (¨e), bin liner

 nachgehen, to pursue,
 follow up
die **Nachricht** (-en), news
 item
 nachsehen, to check
 nähen, to sew
 nämlich, namely
 naß, wet
der **Nebel,** fog
 nebenbei, at the same
 time
die **Neigungsgruppe** (-n),
 interest group
die **Neueröffnung** (-en),
 first opening
das **Nichtraucherabteil**
 (-e), non-smoker
 compartment
 nimmer (*dial.*) =
 niemehr,
 niemals never
 noch dazu, besides, as
 well as

 notwendig, necessary
die **Nuß** (¨e), nut

 ob, whether
die **Öffnungszeit,** (-en),
 opening hours
 öfters, often
 oftmals, often
 optimal, maximum
die **Orientierung,**
 orientation
 örtlich, local
die **Ortsnetzkennzahl,**
 (-en), area code
 Österreich, Austria

die **Panne** (-n), break-down
 passieren, to happen
die **Persönlichkeit** (-en),
 personality
die **Petersilie,** parsley
die **Pfanne** (-n), (frying) pan
der **Pfefferminz** (-e),
 peppermint
der **Pfeil** (-e), arrow
 planmäßig, scheduled
die **Praxis,** practice
die **Preisänderung** (-en),
 price change
 preisgünstig, attrac-
 tively priced
 preiswert, cheap,
 reasonable
 proben, to test
der **Profi** (-s) (*coll.*),
 professional
das **Prozent** (-e), per cent
die **Prüfung** (-en),
 examination, test
der **Puls** (-e), pulse
 rauchen, to smoke

das **Reaktorunglück,** nuclear
 reactor accident
die **Realschule** (-n),
 secondary school
die **Rechnung** (-en), bill
die **Regie** (-n), production
 regnerisch, rainy
 **Reihe: 'an die Reihe
 kommen',** to be next
 rein, pure
das **Reisebüro** (-s), travel
 agency
der **Reiz,** charm, fascination
der **Rest** (-e), remainder
 retten, to save
 riesig, gigantic
 roh, raw
der **Rollschuh** (-e), roller
 skate

der **Rollstuhl** (¨e), wheel
 chair
die **Rosine** (-n), raisin,
 currant
die **Rutsche** (-n), small
 rapid, chute

 Schokosplitter,
 chocolate chips
 schreien, to scream,
 shout
die **Schulart** (-en), school
 type
der **Schüler** (-), school boy
 schwach, weak
die **Schweiz,** Switzerland
 schwierig, difficult
der **Schwindel,** swindle
der **Saal** (Säle), hall,
 assembly room
die **Sache** (-n), matter, affair,
 thing
der **Saft** (¨e), juice
 sämtlich, entire
 sauer, sour
die **S-Bahn = Schnellbahn/
 Stadtbahn** electric/
 suburban railway
die **Schenke** (-n), inn, tavern
die **Schale,** peel
 schätzen, to guess
 schauen, to look
der **Schauspieler,** (-) actor
 scheinbar, apparently
 schenken, to give
die **Schiffahrtslinie** (-n),
 shipping line
der **Schlagrahm** (*dial.*) = **die
 Schlagsahne,**
 whipped cream
das **Schlagzeug,** drums
der **Schlauch** (¨e), tube
 schließlich, finally
das **Schlittschuhlaufen,**
 skating
die **Sekretärin** (-nen),
 secretary
die **Sekundarstufe,**
 secondary level
 seitens (+ *gen.*), on the
 part of
ich **selber,** I myself
 selbsttätig,
 automatically
der **Senf,** mustard

 Seppl, Bavarian
 diminutive of Joseph
der **Skandal** (-e), scandal
 sicherlich, surely
 Silvester, New Year's
 Eve

der **Sinn** (-e), sense
spalten, to split
spazieren, to walk
spenden, to donate
der **Spielfilm** (-e), feature film
sogar, even
der **Sonnenbrand,** sunburn
sonst, otherwise
soweit, thus far
die **Stadtrundfahrt,** city tour
der **Stadtbummel,** stroll round town
der **Stahl,** steel
der **Stau** (-e), traffic jam
die **Stätte** (-n), place
die **Stelle** (-n), place, post, job
stellen, to place
die **Stereoanlage** (-n), stereo equipment
strahlend, beaming
der **Streusel,** crumble
streuen, to scatter, strew
der **Strom,** electricity
das **Studium,** study
die **Stunde,** (-n), hour

die **Tafel** (-n), blackboard, bar (*chocolate*)
der **Tagungssaal** (-säle), conference hall
tanzbar, danceable
tätig, active
tauschen, to exchange, swap
der **Teig,** pastry
teilen, to divide
teuer, dear, expensive
der **Tiefausläufer** (-), trough of low pressure
der **Tiefstwert** (-e), lowest temperature
die **Tischtennisplatte** (-n), table tennis table
die **Tracht** (-en), folk costume
traurig, sad
treiben, to drive
das **Tretboot** (-e), pedal boat
tropengereift, ripened in the tropics
der **Türke** (-n), Turk

überhaupt, generally, after all, at all
üben, to practise
die **Übernahme,** takeover
die **Überraschung** (-en), surprise
überwechseln, to change over
üblich, usual, normal
umdrehen, to turn around, over
umgehen mit, to associate with
das **Umland,** surrounding countryside
umsonst, in vain, free
der **Unfall** (¨e), accident
ungefähr, about, approximately
das **Unglück,** accident
unkritisch, uncriticising
unmöglich, impossible
die **Unterhaltung** (-en), entertainment
die **Unterkunft,** accommodation
unternehmen, to undertake
unterschiedlich, different, diverse
die **Unterschrift** (-en), signature
unwahrscheinlich, improbable
der **Urankern** (-e), Uranium atom
urgemütlich, very cosy
der **Urlaub,** holiday, leave

verbinden, to connect
die **Verbindung** (-en), connection
verkürzen, to shorten
zur **Verfügung stehen,** to be available
verlängern, to prolong, extend
verlieren, to lose
der **Verlust** (-e), loss
vermitteln, to arrange
vernünftig, sensible
verrühren, to stir up
das **Versandhaus** (¨er), mail order firm
vielleicht, perhaps
das **Viertel** (-), quarter
völlig, completely
vollkommen, complete, perfect
der **Vogel** (¨), bird
die **Vorauszahlung** (-en), advance payment
vorbehaltlich (+ *gen.*, *officialese*), with the proviso that, on condition that
vorhanden, present, available
die **Vorhersage** (-n), forecast
vormittags, in the mornings
der **Vorname** (-n), Christian name, first name
vorstellen, to introduce
die **Vorstellung** (-en), introduction

die **Wahl** (-en), choice
wahnsinnig, mad (-ly)
wahr, true, truly
während, during, while
die **Wanderung** (-en), country walk, ramble
der **Wasserwerfer** (-), water cannon
die **Weinprobe** (-n), wine tasting
die **Weinstube** (-n), wine bar
weiterführen, to lead on, continue
weltweit, worldwide
wirklich, real (-ly)
wirtschaftlich, economical (-ly)
das **Wunderwerk** (-e), phenomenal achievement
der **Wunsch** (¨e), wish, desire
wünschen, to wish

zahlen, to pay
der **Zahlknopf** (¨e), pay button
Zahnschmerzen (*pl.*), toothache
der **Zaun** (¨e), fence
zeigen, to show
die **Zeitschrift** (-en), magazine
die **Zeitung** (-en), newspaper
ziehen, to pull, draw
zerlassen, to melt
zerreißen, to tear apart
zerstören, to destroy
zuerst, at first, first of all
zufällig, by chance
das **Zuhause,** home
zumal, particularly, especially
die **Zunahme,** increase
zutreffend, relevant
zwar: 'und zwar', that is to say